20대
김씨 청년들의
회복과 용기

전주람

박영
story

머리말

이 책은 이론 중심의 전문서적에서 벗어나 상담을 공부하는 학습자들이 요약된 상담 사례집의 형태가 아닌 상담 전 과정을 온전히 대화체로 읽을 수 있으면 좋겠다는 고민에서 탄생하였습니다. 그동안 필자는 연구에 중점을 두면서도 상담현장을 놓지 않고, 내담자들의 마음이 보다 빠르게 회복되기 위한 방법들을 십여 년 이상 고민해왔습니다. 그 과정에서 필자는 한국사회에서 용기를 품고 살아가는 몇몇 청년들의 내러티브를 정리한다면, 보다 많은 청년들이 용기와 힘을 얻고 일상을 살아나갈 수 있겠다고 확신하였습니다.

상담을 효과적으로 잘하기 위해서는 이론적 기반을 바탕으로 전문성을 기본적으로 확보해야 하나, 실제 현장에서는 무엇보다 유연하게 자신만의 고유한 노하우를 잘 발휘해야 할 것입니다. 그간 한국에서 출간된 상담 관련 서적은 사례를 요약이나 설명식으로 다룬 경우가 대부분입니다. 그렇다보니 상담을 공부하기 시작한 학습자들은 실제 현장에서 어떠한 방식으로 상담에 접근해야 하는지, 어떻게 내담자를 이끌고 나아가야 하는지에 관해 어려움을 겪는 경우가 있습니다. 따라서 이 책은 상담의 전 과정을 고스란히 담아내어 상담자와 내담자 간의 어떠한 교류 경험이 있는지에 관해 주목하여 드러내고자 하였습니다.

특히 이 책은 자신의 진로와 일에 진지하게 고민하고 있는 20대 청년 세 명을 선정하여 '진지, 완벽, 열정'이라는 가명하에 세 개의 이야기로 구성하였습니다. 이 책의 우선적 목표는 (심리)상담이론을 배우는 학생들이 생생한 사례를 통해 상담이 어떻게 전개될 수 있는지 전 과정에 대한 예시를 접하도록 하는 것입니다. 아울러 이 책의 부수적인 용도로 기대하는 바는 독자들이 이 책에 기록된 사례를 통해 세 명의 주인공이 상담 과정에서 보여준 용기와 회복의 과정을 잘 기억해주기를 바랍니다. 이러한 과정은 자기만의 문제에 사로잡혀 있는 시각을 확대해줄 수 있고, 자신이 지닌 자원과 강점을 주인공들의 삶에 비춰 파악해나갈 수 있기 때문입니다. 특히 필자는 주인공들을 만날 때 강점 패러다임의 상담적 접근을 시도하였으므로, 독자들은 주인공들이 어떻게 위기에 대처하며 보다 힘찬 일상을 살아갈 수 있었는지 살펴볼 수 있을 겁니다. 아울러 주인공들이 보여준 심리적인 자원과 용기는 독자 여러분들이 지닌 잠재력과 내면의 힘을 강화하는 데 보탬이 될 것이라고 확신합니다.

필자는 이 책을 집필함에 있어서 '청년, 강점, 회복'에 중점을 두었습니다. 이 책이 나오기까지 자신들의 위기뿐만 아니라 용기와 회복의 전 과정을 진지하게 보여준 세 명의 주인공들에게 깊은 감사의 마음을 전합니다. 또한 자신의 문제를 회피하지 않고 진지하게 자기 마음에 직면한 주인공들의 용기에 다시 한번 힘찬 응원의 박수를 보냅니다.

이 책이 출간될 수 있도록 부족한 연구자의 뜻을 깊이 헤아려주신 피와이메이트 조정빈 대리님을 비롯하여 꼼꼼한 편집의 과정을 도맡아주신 조영은 대리님께 감사의 마음을 전합니다. 아울러 이 책에 어울리는 그림이 나오기까지 애써준 전주성 그림작가님과 모든 녹취 내용을 꼼꼼하게 풀어 기록해준 허유건 연구보조원에게 깊은 감사의 마음을 전합니다. 아무쪼록 이 책의 서사를 통해 청년들의 위태로운 시간을 넘어 내면의 잠재력을 독자 여러분들과 함께 공유할 수 있기를 기대합니다. 그리고 자신의 문제로 고민하는 주인공인 청년들이 자신들의 삶에서 어떻게 위기를 극복하고 성장해나가는지 살펴보며, 독자 여러분들 역시 일상에서 힘을 얻고 보다 활력 있게 인생을 살아가기를 바랍니다.

2024년 7월
서울시립대학교 법학관에서
전주람

일러두기

1. 이 책에 등장한 세 명의 인물은 2022 ~ 2023년 일산 작업실에서 만난 세 명의 청년들이다.

2. 본문에 실린 이름, 회사명 등의 고유명사는 모두 가명이다. 또한 이 책에 실린 모든 사례는 내담자의 동의를 얻고, 동시에 거주지역, 가족관계, 당사자와 가족원들의 직업 등 인구사회학적 변인을 위주로 각색하여 정리하였다.

3. 상담사는 가족체계론적 입장을 지닌 18년차 가족상담사로, 이 책에 등장한 주인공들과의 상담에서 특정한 (상담적)기법에 국한시키지 않았으며, 주로 청년들이 지닌 '문제'보다는 '강점'에 주목하는 강점패러다임 입장을 취하였다. 아울러 이 책에서는 고유한 상담자만의 수용적 태도와 질문기법이 잘 드러날 수 있도록 문장을 정리하였다.

차례

성장하기를 꿈꾸는 20대 청년들에게
그리고 우리 모두의 건강한 마음을 위해

첫 번째 김씨 이야기

"왜 그렇게 일을 열심히 해요?"

김진지, 29세, 남, 디자이너

저는 마지막 20대를 보내고 있는 올해 29세 김진지입니다. 대부분이 그렇듯 대기업 다니는 것을 저희 가족도 자랑스러워합니다. 아직 싱글이구요. 늦둥이 남동생 두 명 있습니다. 부모님은 별거 중이고 어머니랑 넷이 살아요. 동생들이 완전 늦둥이죠?! 열 살 이상 차이나는 동생들 공부하느라 애쓰고 있죠. 아버지는 따로 사세요. 언제더라... 저 어렸을 때부터니까 한 20년 되어가나 봐요. 저는 엄마와 동생들이랑은 꽤 잘 지내는 편이에요. 아버지랑은 등졌지만 일찍 홀로서기를 했죠. 가정환경이 이렇다보니 거의 집에서 지원받은 건 없고 대학 등록금부터 혼자 해결했어요. 대출받기 싫다보니 공부하는 수밖에 없었죠. 거의 장학금 받고 다녔구요. 나름대로 최선을 다해 달려왔습니다. 가끔 금수저들 부럽죠. 지원 팍팍 받고 편하게 공부만 하고. 그렇다고 집안 탓을 해본 적은 없어요. 환경을 일찍부터 수용한 거죠. 금수저들을 미워하지도 않고 흙수저인 저와 가족을 탓하지도 않아요. 그래도 알게 모르게 자격지심과 열등감은 불쑥불쑥 나오긴 하더군요.

최근 이직하여 두 번째 회사를 다니고 있습니다. 요즘 제 마음에 관해 관심이 부쩍 늘었어요. '일하는 거'말고는 별로 관심이 없거든요. 주말이나 휴가 때도 일에서 온전히 벗어난 적이 없던거 같아요. 늘 바쁘다고 할까요. 저 혼자서! 이렇게 일에 몰아붙이는 성향이 제 본 모습인지 아닌지 혼란스러워요. 아웃풋이야 잘 나오니까 좋고 인정도 받죠. 그런데 좀 오래되다 보니까 정체성이 약간 흔들립니다. 몸도 마음도 좀 방전된 느낌이구요. 이런 삶을 몇 년 살다보니까 결과는 좋은데 계속 이렇게 살아도 될지 고민입니다. 근데 후배들에게 일을 알려주고 그들이 성장하는 모습을 보면 좋아요. 동기부여를 제가 잘 시켜주는 거 같기도 하구요. 격려자의 역할? 멘토 같은 역할을 해주면 뿌듯하더라구요. 스트레스를 받아서 그런지 병원을 자주 가요. 특별한 병은 없다고 합니다. 근데 눈에 먼지 같은 게 있는 거 같거든요. 허리 디스크도 있는 거 같구요. 두통이 심하다보니까 약을 늘 갖고 다니는 편인데, 뇌 MRI도 찍어본 결과 특별한 이상은 없다고 해요.

그래서 20대 넘기기 전에 상담이라는 거 한번 받아보려고 결심했어요. 잘 될까요? 아니, 그냥 세상이 저와 일 중심으로만 돌아가다보니까 재밌고 좋은데... 이렇게 살아도 되나 싶거든요. 연인도 가족도 잘 못 챙겨줘요. 엄마는 동생 수학 좀 가르쳐주라는데요. 제가 수학을 좀 잘했었거든요. 고슴도치 같은 느낌? 뭔가 제 플랜에 다른 외부 자극이 오면 팍 튀어요. 받아들일 여유가 일도 없는 거죠. 나중에 늙어선 회사 그만두고 여행을 다니면서 유튜버 하고 싶어요. 영상을 찍어서 올리는 건축이나 디자인, 가죽공예나 특이한 작품 같은 거에 관심이 높거든요. 뭐 유적지 다니면서 특이한 유물 구경하는 것도 꽤 좋아해요. 그런 거 위주로 아이템을 잡고 브이로그 형식으로 올려보고 싶어요. 그런데 결혼하면 그렇게 활발하게 돌아다니기 어렵겠죠? 만약 결혼했다면, 카페를 한번 해볼까요? 뭐 그런 좀 자유로운 사람이면 좋겠습니다.

김 : 안녕하세요. 김진지님.

전 : 반갑습니다.

김 : 네. 저두요.

전 : 일단 간단한 검사(심리평가)를 진행하셨었는데, 이전에 해본 적이
있으실까요?

김 : 아뇨. 처음이에요.

전 : 아, 그렇군요. 심리검사 처음 해보시면서 어떠셨어요?

김 : MMPI¹⁾라는 검사는 객관식이니까 어렵지는 않았는데요, SCT²⁾는
주관식이다보니 생각 안 해본 걸 생각하는 데 어려웠던 거 같아요.

---

1) MMPI는 <Minnesota Multiphasic Personality Inventory>의 약자로 미네소타
다면적 인성 검사를 일컫는 용어이다. 개인의 성격, 정서, 적응 수준 등을 다차
원적으로 평가하기 위해 개발된 자기보고형 성향 검사로 보통 정신병리적인 문
제가 있는지 여부를 판가름하기 위해 사용한다. 전주람은 내담자가 필요한 경우
MMPI심리평가 자격을 보유하고 내담자들이 약물치료를 병행해야 하는지 여부
를 판단하곤 한다.
2) SCT는 <Sentence Completion Test>의 약자로 문장완성검사를 뜻한다. 미완성된
문장을 완성하게 하여 피검사자의 투사를 유도하는 심리검사로 피검자의 감정이나
문장의 맥락을 통해 대상에 대한 피검자의 태도 및 심리적인 역동을 잘 파악할 수
있다.

생각해 보니까 한 번도 생각 안 해봤던 문장도 있었어요.

전 : 맞아요. 문장 채우는 것이 쉬워 보이지만 실제 그렇지만은 않은 거 같아요. 바쁘신 중에 상담 신청하신 이유가 있으실까요?

김 : 음... 특별한 이유는 없구요. 일단 궁금했어요. 저의 심리상태가 어떠한지요. 저는 제 마음이 어떤 상태인지 매달리는 부분이 좀 있어요. 그런 부분이 궁금했어요. 마음 상태를 한번 확인해보고 싶은 마음이었던 거죠.

전 : 진지님 자신에 대해 관심이 있는 거네요. 자신의 마음 상태가 어떤지 말입니다. 그렇죠?

김 : 네. 맞아요.

전 : 일단 검사 결과를 간단히 설명드릴게요. MMPI는 다면적 인성검사라고 하는데요. 정신병리적인 문제가 있는지 보는 검사였어요. 그러니까 (정신과) 약물치료를 받아야하는지 아닌지 근거가 되는 대표적인 검사랄까요. 결과표상 특별히 정신병리적인 문제가 있지는 않거든요. 그러니까 쉽게 말씀드리면 정신과에서 진료를 받고 약물을 복용해야 할 필요는 없는 거에요. 그런데 뒷부분 사회적 책임감 보시면, 굉장히 높게 표시가 되어 있죠. 이 부분에 관해서는 수치만으로는 알기 어렵고 더 깊게 얘기 나눠보고 추후에 말씀드릴게요. 그리고 신체 염려 부분도 약간 민감해 보입니다. 가족 내 소외나 근접 환경과 관련된 어떤 스토리들이 있을 거 같기도 하고요. 얘기해보면서 필요한 부분이 있다면 같이 탐색해보면 좋을 거 같아요. 어쨌든 정신병리적 소견이 없고 대체로 건강한 심리적 상태

이지만 과하게 책임감이 높은 부분이 있고, 일과 연관시켜 봤을 때 어떤 특징이 있을 수도 있겠다는 생각이 들어요. 이 정도에요.

김 : 음...

전 : 아, SCT 검사결과에서도 책임감과 관련된 부분이 크게 자리잡고 있는 거 같아요. 무엇이든 완벽하게 소화해내려고 하는 거라든지... 이걸 보고 진지님 본래 성향이 그런 건지 같이 얘기해보고 싶다는 생각이 들었어요. 아, 원하는 건 '행복한 삶'을 사는 거네요. 우리가 일상에서 행복이란 단어 많이 쓰지만 어떤 면에서는 막연한 단어 죠. 진지님에게 행복이란 무엇인지 얘기 나눠봐야겠어요.

김 : 네.

전 : 아, 또 끝까지 고민해서 해답을 찾아낸다? 이런 능력을 갖고 계신 걸까요?

김 : (웃음) 네. 능력이면서도 저거 때문에 스트레스를 받아요. 확실히 잘하려고 하는 부분 때문에요.

전 : 맞아요. 가끔 완벽한 성향은 자신을 괴롭히곤 하죠. 그리고 '일'과 관련된 단어가 많이 적혀있네요. '일'이라는 게 진지님한테 어떤 의미가 있을까요? 이 부분에 관해서도 여쭤보고 싶었어요. 아, '걱정' 이라는 단어도 많네요.

김 : 네. 맞아요. 저는 걱정이 많아요. 이게 고민이랑 좀 엮이는 거 같아요. 그러다가 답을 찾아내려고 하고 그래요. 결정도 바로바로 쉽게 하지 못하고... 그런 부분이 좀 있는 거 같아요. 저는 경제적 목표

를 60억 정도로 하고 있어요... (웃음) 야망이겠죠?

전 : 아, 그렇군요.

김 : 물가에 따라 달라질 수는 있겠지만 집값을 고려했을 때 좋은 집 사고, 남은 삶을 편하게 영위할 수 있는 돈이 얼마일까 생각했을 때 그 정도 필요한 거 같아요.

전 : 그렇군요. 이 문장에서는 '다시 젊어진다면...' 이 부분은 어떤 의미일까요?

김 : 제가 예전에 게임을 많이 해서 시행착오가 많았어요. 그래서 성장이 느렸던 거에요. 현재 능력과 비교했을 때 옛날에 좀 더 했으면 지금보다 더 능력 있는 사람이 되지 않았을까 싶어요.

전 : 능력이 있는 게 중요하군요.

김 : 네. 맞아요.

전 : 아, 그렇군요.

김 : 또 저는 걱정을 좀 없애보고 싶어요. 근데 쉽지가 않더라구요. 저도 모르게 걱정을 하고 있더라구요.

전 : (어떤 부분에서) 변화하고 싶으세요?

김 : 음... 상충되는 게 있는 거 같아요. 걱정을 하면서 답을 찾으려고 노력하면 편하거든요. 근데 너무 많이 하다 보니까 피로가 느껴질 때가 있어요.

전 : 아, 그렇군요.

김 : 드라마에서는 다 화목하고, 가족원들 사이에 충돌도 없고...

전 : 그런 집이 있을까요?

김 : 하긴, 그런 줄 알았지만 어느 가정 하나 근심거리? 안좋은 기억? 없는 집이 없더라구요. 그래서 걱정 없는 집은 없다고 생각했습니다.

전 : 음...

김 : 저는 행운보다 쟁취하는 데 집중하는 편인 거 같아요. 로또 청약으로 집을 얻기보다는 '내가 벌어서 집을 사겠다?' 이런 맥락이에요.

전 : 음... (여기 보니) 어머니는 희생적이셨나 봐요.

김 : 맞아요. 남들을 도와주는 편이세요. 근데 저는 희생적인 부분 안좋게 봐요. 엄마가 힘든 걸 봤기 때문에요. 그래서 저는 제 자신을 더 챙기게 되는 거 같아요.

전 : 가족관계가 어떻게 돼요?

김 : 남동생 두 명 있구요. 어머니랑 넷이 살아요. 동생들이 완전 늦둥이죠?! 열 살 이상 차이나는 동생들 공부하느라 애쓰고 있죠. 아버지는 따로 사세요. 별거중이에요. 저 어렸을 때부터니까 한 20년 되어가나 봐요. 이런 복잡한 생각들로부터 벗어나서 일에 더 집중하고 싶거든요. 근데 잘 안되는 거 같아요. 뭐든 잘하고 싶어요.

전 : 아, 일에서 잘하는 사람이 되고 싶군요. 100점으로 봤을 때 현재

시점에서 몇 점 정도 얘기할 수 있겠어요? 백점이 아주 잘하는 거라면요.

김 : 현재 대략 75점이요? 더 잘할 수 있을 거 같은데..

전 : 어떤 걸 하면 점수가 더 높아질까요?

김 : 잘 모르겠어요. 그래서 그걸 계속 고민하고 있어요. 구체적인 방법이 뭘까 고민하는 거에요.

전 : 아, 성장하고 싶은 걸까요?

김 : 네. 좋게 보면 그래요.

전 : 그렇군요. 모두가 그렇진 않은데 진지님 자신에게 관심이 있는 거네요. 주변에 보면 뭐 어떻게 되든 대충대충 사는 사람들도 있잖아요?

김 : 맞아요.

전 : 그렇죠?

김 : 맞아요. 친구들과 말다툼한 적이 있어요. 저는 일을 완벽하게 잘하고 싶어하는 편인데 친구들이 뭐 그렇게 피곤하게 사냐고 하더라구요. 대충하지. 그러니까 제가 공감받지 못하는 느낌이 드는 거죠. 애들이 그러더라구요. "야, 그거 대충해라. 뭐 그렇게 고민이냐?" 근데 그게 되나요? 그러다가 서로 마음이 상해서 그냥저냥 헤어졌죠. 뭐, 서로 마음이 안 통하니까요.

전 : 아, 그러셨군요. 맞아요. 사람마다 다른 거 같아요. 그렇다면 어느

지점에 이르면 '아, 내가 잘했다', '만족한다'라는 느낌을 가질 수 있겠어요?

김 : 구체적으로 제가 끝이라는 걸 정의해본 적이 없어요. 보통 어느 정도까지다? 그런데 나이대별로 목표를 세우긴 했었거든요. 그러니까 가장 최근에 생각했던 게 있어요. 지금 29세니까 '삼십대 중반까지는 이걸 하겠다' 단기 목표는 있지 최종 목표는 세운 적이 없는 거 같아요. 예를 들면 '35세까지 연봉 얼마를 만들겠다, 집을 사겠다, 자산을 어떻게 모으겠다.' 이 정도에요. 그걸 위해 계획을 세우지는 않고, 목표를 갖고 무작정 노력을 해요. 그런 편인 거 같아요. 아, 그러고보니 이것도 걱정이네요.

전 : 그렇군요. 진지님께서는 정말 걱정이 많은 거 같아요.

김 : 제가 어디 여행을 가도 돌아오면 걱정인 거 같아요. 그러니까 여행을 가도 갔다 왔을 때 아무 걱정이 없는 그런 상태였으면 좋겠어요.

전 : 음... 근데 그건 어떻게 보면 가정환경이 그렇다보니 개인의 문제만은 아닐 수도 있을 거 같아요. 그렇죠?

김 : 네. 그렇죠.

전 : 혹시 나이 들었을 때는 어떻게 지낼 것 같아요?

김 : 딱히 먼 미래에 관해 생각을 안 해봤어요.

전 : 음... 평소에 잠은 잘 주무세요?

김 : 네. 그런 편인데 불안하거나 고민이 많으면 심장이 뛰고 잠을 가끔

못 잘 때도 있어요. 몇 주에 한 번? 상황에 따라 달라요. 얼마 전까지는 상당히 자주 그랬어요. 약국에서 수면유도제를 사서 먹었던 적이 있어요. 이직 준비할 때 어떻게 될지 모르니까 불확실한 상황에서 자주 그런 거 같아요.

전 : 그럴 때는 적극적으로 약을 복용하시네요.

김 : 네, 처음에는 안그랬는데 잠을 못 자서 일상에 영향이 가니까 약을 먹었었어요.

전 : (약을) 드시니까 괜찮았어요?

김 : 네. 처음엔 좋았는데 일시적이었던 거 같아요. 내성이 생기는 거 같더라구요.

전 : 아, 그렇군요.

김 : 저는 현재나 가까운 미래에 관해 생각하는 거 같아요. 의식하고 그러는 건 아닌데 심리검사 적으면서 생각하니까 그런 거 같아요.

전 : 그렇군요. 궁금한 점이 있어요. 주변에 노력하지 않는 사람을 보면 어때요?

김 : 답답하죠. 노력하면 할 수 있는데 안 하는 게 답답해요. 도와주려고 하는데, 그런데도 노력을 안 하면 정 떨어지죠.

전 : 아, 그렇군요.

김 : 친구로는 놔둬도, 그런 문제에는 관여를 안 해요.

전 : 노력하는 게 중요하네요. 그렇죠?

김 : 네.

전 : 어렸을 때는 어땠어요?

김 : 풍요로웠다고 생각해요.

전 : 네. (문장완성검사를 보며) 아버지랑 갈등이 많았네요. 아버지는 진지 님께 어떤 존재일까요?

김 : 어렸을 때는 몰랐는데요, 집이 어려워지고 성장했을 때를 생각해 보니 저보다 늘 위에 있으려고 하는 분인 거 같아요. 매우 권위적 이고. 가끔 이유 없이 때리기도 했구요. 제가 좋은 데 취업해서 좋 은 급여를 받아도 아버지는 일단 밖에서는 자랑을 하시지만 집안 에서는 늘 엄한 모습이었구요. 어떻게든 제 전문분야에 대해서도 지지해주기보다는 더 잘하라고 압박하고 가끔은 저에게 지고 싶지 않은 모습을 보이기도 한 거 같아요. 저를 인정하지 않으려고 했던 거 같아요. 그런 부분에서 갈등이 있었어요. 저도 딱히 뭐가 문제 인지 명확하지는 않은데 지금은 세상에 아버지가 없다고 생각하고 살아요. 연락이 오면 받겠지만 아버지도 저를 찾지는 않으시네요. 뭔가 (아버지와 살 때) 늘 저를 인정해주지 않는 태도가 불편했다고 나 할까요?

전 : 그럴 때는 주로 어떤식으로 반응하셨어요?

김 : 저는 회피했어요. 어떻게 해도 해결이 안 되었고, 다른 사람이 말 해도 바뀔 분이 아니기 때문에 말을 거의 안 했어요.

전 : 아, 완고하시고 주관도 강하시고...

김 : 네. 주관이 강하고 본인이 옳다고 생각하세요. 고집도 있으시고요. 절대 꺾이지 않는 이상한 고집 같은 게 있어요. 자수성가해서 그러신지. 그런 분들 보통 고집스러운 특성 많지 않나요? 아무튼 아버지 얘기는 깊이 하고싶진 않네요 현재로선.

전 : 네. 구체적인 건 조금 천천히 얘기해봅시다. 잠깐 심리평가 위주로 짧은 시간에 여러 얘기를 해본 거 같아요. 오늘은 평가결과 위주로 몇 가지를 개괄적으로 생각해본 거 같아요. 이런 얘기 처음 해보셨을텐데 어떠셨어요?

김 : 이게 사실 적을 때는 몰랐는데 적으면서 보니 공통점이 보이는 거 같아요. '내가 저런 걸 중요시하는구나.' 깨닫게 된 부분이 있는 거 같아요. 특정 단어들이 눈에 띄더라구요. <걱정/고민/노력> 이런 단어들.

전 : 그러네요. 걱정, 고민, 노력, 능력... 이런 단어들?

김 : 성장, 노력 이런 게 많은 거 같아요. 근심도 자주 등장하구요.

전 : 음... 그렇군요. 그럼 이제, 이런 걸 다 떠나서요. 누군가가 '네가 어떤 사람이야?'라고 질문하면 뭐라고 설명하시겠어요? 진짜 모습이랄까요? 일하다 보면 또 잊고 살고 그러잖아요. 진짜 진지님 모습은 어떤건지 궁금해집니다.

김 : 저요? 그러게요. 어떤 사람일까요?

전 : 직업 이런 건 좀 내려놓구요.

김 : MBTI로 말하면 ISTP 이런 성향이긴 해요. 이성적이면서 현실적이고 계획이 없고, 내향적이라고 해요. 외향인지 내향인지 조금 헷갈릴 때가 있긴 한데요. 외향과 내향은 크게 차이가 없는 거 같고요. 어쨌든 사람들과 어울리고 말하는 걸 좋아하거든요. 가끔 일에 지쳐서 사람을 피할 때가 있기는 해요. 또 미래나 과거보다 현실 위주로 사는 사람인 거 같아요. 그리고 감수성은 별로 없는 거 같고 이성적인 거 같아요. 그렇다보니 가끔 감성적으로 생각하려고 하는 사람이기도 해요.

전 : 아, 그렇군요. 요즘 많이들 말하는 MBTI 유형으로 자신을 이해하고 계시네요. 그럼 진지님을 형용사 3개로 표현해본다면 어떤 단어를 꼽으시겠어요?

김 : 신중한?

전 : 또?

김 : 음... 잠시만요. (웃음) 이런 거 좀 오글거리고... 쉽지가 않네요. 저를 이렇게 대놓고 표현해본 적이 없어서 그런가봐요.

전 : 맞아요. 어려운 질문을 제가 했죠? (웃음) 모두에게 처음은 어색하고 어렵죠. 쉬워 보이지만 거의 할 기회가 없다보니까.

김 : 음... 열정 있는?!

전 : 아! 그렇군요. 어떤 의미죠?

김 : 다른 사람을 노력하게 만들었던 경험이 있어요. 열정 있게 되도록? 그리고 '신중한'이랑 겹칠 수도 있는데 고민이 많은? 걱정이 많은? 이런 형용사들이 저를 잘 보여주는 단어에요.

전 : 신중한, 열정 있는, 걱정이 많은. 장점일 수도 있고 단점일 수도 있겠죠? 이 부분에 관해서는 앞으로 우리가 만나면서 좀더 깊이 짚어보기로 해요. 벌써 시간이 다 되었어요. 시간이 빨리 간 거 같아요. 우리가 앞으로 세 번 정도 더 만날까 싶은데요. (우리가 만날 때) 어떤 걸 하면 좋을까요? 상담사와 어떤 걸 하면 도움이 될까요? 진지님과 목표를 같이 정하면 좋을 거 같거든요.

김 : 음... 사실은 제가 고민이 있어요. 다른 사람한테 들었던 피드백 중에 '스스로를 (일에) 몰아넣는다?'라는 말을 들은 적이 있어요. 일적으로든 뭐든. 이런 걸 해소할 수 있는 방법이 있었으면 좋다고 생각하기는 해요. 저에게 그런 성향이 어느 정도 있는지, 그리고 조금 더 제가 걱정을 내려놓을 수 있는 방법이 있으면 좋겠어요. 상담이 그런 방향으로 가면 좋을 거 같아요.

전 : 아, 일이든 뭐든 한번 하면 몰아치는 성향이 있는 거네요. 그런 부분이 주변 사람에게도 영향을 줄까요?

김 : 아니에요. 저 혼자 그러는 거에요.

전 : 어떻게 보면 옆에 있는 사람을 의식하기보다는 진지님 자신에 집중하는 거네요. 진지님이 추구하는 어떤 수준이라든지?

김 : 네. 대부분 그렇죠. 그런데 이런 건 있어요. (옆에) 너무 잘하시는

분이 있다든지 하면 궁극적인 목표를 그 사람으로 두기도 해요. 그 사람과 경쟁하는 거죠. 그러기 위해서는 나를 몰아붙이는 거구요. 다람쥐 쳇바퀴돌 듯. 이러한 삶의 패턴이 저를 더 높은 곳에 올려주고 여러 아웃풋을 내주기는 해요. 하지만 가끔 힘들죠.

전 : 그렇게 나를 몰아붙이는 거군요. 일단 스스로 잘 알고 계시네요.

김 : 네. 그런데 사실 저도 이걸 인지한 지는 얼마 되지 않아요.

전 : 음...

김 : 고치고 싶어도 잘 안 된다는 걸 알게 되었구요. 아까 말씀드린 대로 친구들이랑 얘기하다가 알게 된 거예요. '친구들은 편하게 사는 걸 좋아하고, 난 이렇게 바쁘게 사는 걸 좋아하는구나.' 바쁘고 일하고 노력하고... 일에 몰입하고 주말에도 일 생각하고 이런 성향이다 보니까 저를 일로 몰아가고 스스로 평가하고 그런 거죠. 그걸 놓으려고 했다가도 놓는 게 좋은 건가? 솔직히 잘 모르겠어요.

전 : 아, 그러니까 진지님 성향이 일에 그렇게 몰아붙이는 성격이란 걸 최근에 발견하게 되었는데 어떻게 해야될지 조금 물음표인 상태인 거군요.

김 : 맞아요. 이런 상태를 가져가는 게 좋은 건가, 아니면 좀 내려놓을 필요가 있는 건지 헷갈려요. 왜냐하면 이거 때문에 몸이 힘들 때도 가끔 있거든요. 그래서 고민인 거예요.

전 : 아, 이렇게 일에 몰입하다 보니까 몸이 힘들 때도 있고 건강도 걱정되고 하니까.

김 : 네. 건강 염려도 좀 있잖아요. 눈에 뭐가 있는 거 같구요. 허리 디스크도 정상이 아니거든요. 4, 5번 사이 척추가 좀 튀어나왔다고 하더라구요. 아예 빠진 건 아니구요. 신경을 건드릴 땐 죽을 거 같죠. 또 두통이 심하다보니까 약을 늘 갖고 다니는 편인데, 뇌 MRI 찍어본 결과 특별한 이상은 없다고 해요.

전 : 아, 그렇군요. (우리가 평가지에서 봤듯이) 건강염려증까지는 아닌 거 같구요. 과민한 건 맞을 수도 있겠네요. 의사가 어떤 진단명을 주지 않았는데도 자주 병원에 간다면 말입니다. (회사에서) 일하는 건 어때요?

김 : 일은 재밌어요. 고민하는 걸 해결하는 게 짜릿하고 좋아요. 뭐 인정도 받는 편이구요.

전 : 그럼, 그건 좋은 거잖아요. 뭐가 문제일까요?

김 : 저와 일만 보는 게 있어요.

전 : 음, 그럼 주변 사람들을 잘 못 보는 걸까요?

김 : 그렇죠. 여자친구가 있었을 때도 그랬어요. 많이 싸웠어요. 너무 일만 해서요. 일에서 좀 여유로워지면 제가 쉬고 싶으니까 저를 챙기는거에요. 여자친구를 챙기는 게 아니라요. 가족도 그런 거 같아요. 엄마가 둘째 동생 수학 점수 떨어진다고 공부 좀 가르쳐주라는데 일주일에 한 번 시간을 내는 것도 쉽지 않더라구요. 마음에 여유가 없어요. 고슴도치 같은 느낌? 뭔가 제 플랜에 다른 외부 자극이 들어오면 팍 튀어요. 받아들일 여유가 일도 없는거죠.

전 : 음... 그렇군요. 일로 꽉 차있다?

김 : 맞아요. 일할 때는 바쁘니까 연락을 안 하고, 쉴 때는 너무 쉬고 싶으니까 연락을 잘 안 하게 되구요. 그러니까 종일 일에 몰빵하고 뻗는 거죠. 한마디로!

전 : 아, 진지님의 인생에서 '일'이라는 영역이 큰 위치를 차지하고 있는 것처럼 느껴져요. 어떠세요?

김 : 네. 맞아요. 그런 거 같아요.

전 : 어떤 이유가 있을 거 같아요. 아직 바꿔야하는지 아닌지는 모르겠지만 현 상태는 그러네요. 아까 말씀하신 그 '걱정'을 내려놓고 산다면 어떤 일이 벌어질 거 같아요?

김 : 그렇게 되면 그동안 제가 노력하여 얻어왔던 것들이 없어지지 않을까 그런 생각이 들어요. 걱정 없이 뭔가를 하면 일에 대한 걱정을 놓는다는 거잖아요. 그럼 사실 아예 일을 생각하지 않고 다른 걸 한다는 거 자체가 불안해요. 제 역할이 사라지거나 제가 아예 없어지는 거 같아요. 신경을 안 쓰면, 역할이 사라지고 이뤄왔던 것들이 축소되지 않을까 싶어요. 이게 불안해요. 제 역할이 사라지고 그동안 이뤄왔던 것들이 축소되지 않을까 이게 불안한 거 같아요.

전 : 그렇군요. 그런데 어떤 직업이든 계속할 수 있는 건 아닐텐데. 어떤 역할이든 젊었을 때와는 바뀌거나 어떤 부분은 내려놓게 될 건데...

김 : 네. 그렇죠.

전 : 일로 정체성을 만들고 일로 존재의 의미를 찾고 있는 건 아닌가 싶어요.

김 : 음... 그럴 수도 있겠네요.

전 : 물론 그게 뭐 하나의 특성이지 좋다 나쁘다 할 수 있는 건 아닌 거 같구요. 저도 그런 거 같네요. 일로 정체성을 찾고 누군가 나를 찾아주지 않으면 뭔가 부족한 거 같고 그렇거든요.

김 : 음... 누군가 나를 찾아주는 거 중요해요. 나랑 관련된 업무인데 나를 안 찾고 다른 사람을 찾으면 그런 데서도 좀 불안감을 느끼는 편인 거 같아요.

전 : 그렇군요. 앞으로 이 부분에 관해 같이 열심히 생각해봐야겠네요. 무엇 때문에 그런 현상이 나타나는지 말입니다.

김 : 네.

전 : 무엇 때문에 진지님이 이렇게 열심히 사는지 말입니다. 그렇죠? 열심히 사는 건 좋은 거라고 암묵리에 배워 온 거 같기도 해요. 저도 그렇구요. 열심히 살다보면 달려가다가 전봇대에 부딪힌 것처럼 멍하고 그런 게 있잖아요.

김 : 아. 궁금하긴 하네요. 먼 미래의 목표도 없는데 왜 이렇게 열심히 사는지...

전 : 그러니까요. 먼 미래 할아버지가 됐을 때 명품차를 끌겠다는 목표가 있는 것도 아니고 미래를 생각해 본 적도 없다고 하셨는데 무

엇 때문에 이렇게 열심히 살까요? 저도 궁금해집니다. 그렇죠? 먼 미래에 관해 구체적인 그림이 없는데 말이죠. 정확한 목적지가 있어야 노를 저을텐데 말이에요. 한 번 정도 생각해볼 필요도 있을 거 같아요.

김 : 네. 맞아요. 그런 과정에서 제가 사실 포기하는 부분도 있는 거 같아요. 아까 적었던 것 중에서 '행복한 삶이 취미를 찾는 거'라고 했는데... 그런 걸 위해 노력을 안하는 거 같아요. 물질적인 걸 예로 들면요. 자동차를 가지고 싶은데 일단은 지금보다는 장래를 위해 아까워서 포기했거든요. 다른 경험적인 거도 나중을 위해 포기 한다거나. 그런데 그 나중의 시기가 구체적이지 않거든요. 그런 면도 좀 있는 거 같아요.

전 : 네. 그러시군요. 짧은 시간이지만 두 가지 검사와 진지님과의 대화를 통해서 어떤 것이 고민이고 어떤 점을 추구하는지 알 수 있었어요. 또 앞으로 우리가 고민해봐야 하는 게 무엇인지 대략 감을 잡을 수 있었던 거 같아요. 앞으로 깊이 생각해봤으면 좋겠는데요. 진지님께 과제를 하나 내드려도 될까요?

김 : 네. 좋아요.

전 : 가볍게 핸드폰에 메모해 오시면 좋을 거 같아요. 일에 자신을 몰아붙이는데 그 현상에 관해서 앞으로 어떻게 하고 싶은지, 보통 일과 삶의 균형 많이 얘기하잖아요. 일의 비중을 줄이고 다른 데 관심을 가질건지 등에 관해 좀 자세히 메모를 해오시면 좋을 거 같아요. 어떻게 하고 싶은지. 그리고 또 하나는 '걱정'이 무엇인지. 걱정의

근원적인 뿌리가 무엇인지, 잘 찾지 못할 수도 있지만 걱정이란 놈이 나를 발전시키기도 하지만 떨쳐버리고 싶은 놈이기도 하잖아요. 이 두 가지에 관해 다음 시간에 자세히 얘기 나눠보면 좋을거 같아요.

김 : 정리하면, 일과 삶 중에 어디에 더 치중하고 싶은지, 그리고 걱정의 근본적인 원인이 무엇인지 이 두 가지가 맞죠?

전 : 네. 맞습니다. 오늘 이렇게 심리상담에 관해 들어본 적은 많으실 테지만 참여하신 건 처음이실 텐데요. 거의 한 시간 다 됐네요. 얘기하시면서 어떠셨어요?

김 : 음... 뭐 인지는 하고 있었는데 다시 확인하게 된 느낌이 들었어요. 사실 인지만 하고 있지 뭔가 파헤쳐 볼 생각은 안 해봤거든요. 이런 기회가 된다는 건 좋은 거 같아요.

전 : 맞아요. 누군가와 얘기하면서 정리하는 건 도움이 될 수 있죠.

김 : 맞아요. 아, 한 가지... 혹시 선생님이 생각하셨을 때 저는 어떤 사람인지, 저에 관해 어떻게 생각하셨는지 들어볼 수 있을까요? 궁금하기는 하거든요.

전 : 아, 그렇죠. (웃음) 많이 궁금하시죠? 그런데 오늘은 처음 만나뵈었고 표면적인 대략의 얘기들을 한거 같거든요. 그래서 제가 별로 진지님에 대해 아는 게 없어요. 음, 그런데 아쉬울 수 있으실 거니까요. 한 가지, 이건 주관적인 느낌이지만 진지님께 뭔지 모르지만 긍정적인 에너지가 느껴져요. 뭐라 그럴까요. 상담을 떠나서, 그게

큰 자원이 될 수도 있겠구나 이런 생각이 들거든요. 그리고 일단 일목요연하게 정리를 잘해서 말씀해주시니까 제가 쉽게 이해할 수 있었어요. 제가 잠깐 봬서 알 수 있는 게 별로 없죠? 그럼 돗자리 깔아야죠. (웃음)

김 : 네. (웃음) 맞아요.

전 : 앞으로 나름대로 차츰 말씀드릴게요. 건강히 지내시고 뵙겠습니다.

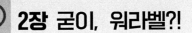

전 : 안녕하세요. 잘 지내셨어요?

김 : 네. 바빴지만 잘 지낸 거 같아요.

전 : 이렇게 바쁘신 와중에 또 상담을 오셨네요.

김 : 아, 그래도 상담할 여유는 돼요. (웃음)

전 : 오, 진짜요? 좋습니다. 저희가 지난 시간에 심리 검사 결과 얘기하면서 두 가지에 관해 생각해보자고 했었죠. 그러면서 과제를 드렸었죠? 어떻게 생각해 보셨을까요?

김 : 네. 좀 생각을 해봤어요. 두 가지였던 거 같아요. 일과 삶 중에 어디에 치중을 하고 싶은가 고민을 해봤는데요, 흔히 '워라밸'이라고 말하는 거잖아요. 나는 어느 쪽일까 생각을 많이 해봤는데요, 일로서 오히려 치유를 받는 부분도 있더라구요. 제가 느낀 거는 이걸 구분 짓는 게 오히려 인생을 힘들게 하는 건 아닌가 이런 생각이 들어서 굳이 구분 짓고 싶지 않다고 생각했어요. 왜냐하면 '일'은 이거고 '삶은 이거다.'라고 하는 순간 삶 때문에 일이 힘들어지는 영역이 될 수 있는 거고 일이 너무 좋다보면 삶이 힘들어질 수 있다고 생각해요. 그래서 특별히 어느 쪽에 치중되어 있다기보다는 그냥 구분 짓지 않고 하나로 가는 게 나한테 맞지 않나 생각했어요.

전 : 오, 어떻게 보면 굉장히 욕심이 많은? (웃음)

김 : 아, 그런가요? (웃음)

전 : 네. 나쁜 의미는 아니고요. 그렇게 느껴지기도 해요. 두 마리 토끼를 다 잡으려고 하는 느낌?

김 : 네. 그렇게도 보여질 수 있을 거 같아요. 일도 삶에 녹아있고, 삶에 일도 녹아있고... 그냥 그런 삶이 마음 편하지 않을까 싶어요. 아까 말씀드렸다시피 그 둘을 나누는 순간 회사 다니는 게 불편할 거 같거든요.

전 : 그렇죠. 굳이 이분법적으로 나눌 필요는 없겠죠.

김 : 네. 맞아요.

전 : 물론 어떻게 해석하느냐에 달라질 수는 있겠지만요.

김 : 네.

전 : 그럼 앞으로 어떻게 지내실 계획이세요?

김 : 음... 어떻게 삶에 실제로 반영할 건지 여쭤보시는 거죠?

전 : 네. 정확해요.

김 : 그건 아직 잘 모르겠어요. 일을 하면서도 일 외의 삶에서 챙길 부분은 생각해볼 수 있는 거고, 주말에 일하고 싶은 걸 굳이 치워버릴 필요도 없는 거구요. 생각 자체에 대한 틀을 없애버리면 되지 않을까 생각해요.

전 : 그러네요. '주말에는 쉬어야 해.' 뭐 이런 게 고정관념일 수도 있겠네요. 일을 일로 안 볼 수도 있구요. 아까 말씀해주신 대로 일을 통해 진지님이 치유 받을 수도 있구요. 만약 그렇다면 일은 내 삶의 원동력이 될 수도 있으니까요.

김 : 그렇죠. 저는 삶의 동기부여가 되는 게 일이거든요. 주말에 일을 해도 싫지 않았어요. 그래서 워라밸 얘기 나왔을 때 고민을 해보니까 굳이 나에게는 해당 안 되는 거 같아요.

전 : 좋은 생각이에요. 일과 삶의 경계를 굳이 나누고 싶지 않다? 일을 통해 활력을 얻을 수도 있고, 그냥 활력을 얻지 않아도 일을 할 수도 있는 거구요.

김 : 네. 맞아요.

전 : 그런데 말씀하신 것 중에 일에 진지님을 몰아붙이는 게 있다고 했잖아요. 그 부분에 관해서는 어떻게 해야 할까요?

김 : 그때 말씀드렸던 몰아붙였던 것도 사실 일에 대해 제가 보상을 받기 위해서였거든요. 심리적 만족감이라고 해야 할까요? 일에 몰아붙이는 경험을 통해 심리적으로 만족했던 것도 있구요. 걱정의 근본적인 원인도 제가 어느 정도 인정을 받거나 칭찬을 받으면 만족스러운데 그게 없어질까 봐 걱정인 거죠. 그러니까 더 몰아붙이는 거 같아요. 두 개 질문이 얽혀있는 거 같아요.

전 : 아, 그렇군요. 진지님이 일을 하면서 사람들 칭찬이든 심리적 보상이든 얻는 게 많이 있는 거 같아요.

김 : 맞아요. 그런데 어떻게 보면 삶에서 그걸 대체할 수 있는 걸 못 찾아서 이러고 있는 거 같기도 해요.

전 : 아, 그렇군요. 듣다보니 진지님이 일을 아주 좋아하는 거처럼 느껴져요.

김 : 맞아요. 저는 일을 좋아하는 사람이에요.

전 : 아니, 좋아하는 것 이상일 수도?

김 : 아, 그럼 사랑일까요?

전 : 뭐, 굳이 단어를 붙이자면 그럴 수도. 이건 뭐 사람의 성향이니까 평가할 부분도 어떤 걸 문제시할 부분도 아닐테지만... 그냥 진지님이 보이는 특성이지 않을까 싶어요.

김 : 물론, 스트레스 많이 받긴 해요.

전 : 아, 그래요?

김 : 네. 스트레스라기보다는 부담감이랄까요? 제가 일을 하면 할수록, 인정받으면 받을수록 책임감이 커지니까요. 그 책임감이 부담스러우면서도 책임을 완수했을 때 만족감이 오는 거죠. 이게 반복되는 거 같아요.

전 : 아, 그러니까 어떠한 보상이 주어지기 전까지는 고통의 시간을 거쳐야 하는 거 같이 들립니다.

김 : 맞아요. 그런 거 같아요.

전 : 고통의 시간이 있는 걸 아는 거죠?

김 : 네. 알고 있죠.

전 : 음... 고통의 끝에 오는 어떠한 보상 때문에 감수하는 것일 테고. 맞나요?

김 : 네. 맞아요. 그래서 만족을 얻고 다시 한번 시련을 얻고 다시 한번 만족을 얻고 이런 삶이 반복되는 거 같아요.

전 : 그러면 보통 부담감이나 스트레스 상황이 오면 어떤 식으로 컨트롤해 나가는 편이에요?

김 : 제가 뭐 딱히 컨트롤하기 위해 어떤 걸 하는 건 없는 거 같아요. 그냥 있는 그대로 받아들이는 거 같아요. 아니면 다른 사람한테 뭐가 힘들다고 이야기해요. 친구들이나 회사 친한 동료들한테요. 물론 회사 동료들한테는 다 터놓고 말하지는 못하죠. 친구들은 공감은 다 하지 못하지만 그래도 좀 말하면 나아지는 부분이 있구요.

전 : 어떻게 보면 누군가에게 말을 하는 것만으로도 일부 해소가 되는 측면도 있네요.

김 : 네. 그런데 순간적으로 말을 함으로써 내가 이만큼 노력하고 있다는 걸 표현하는 것뿐이에요. 완전히 해소가 되지는 않아요.

전 : 아, 그렇군요. 이런 질문을 통해서 진지님 마음을 조금 들여다보고 있는데요. 이러한 성향이 있다는 자신을 보니까 좀 어때요?

김 : 이런 성향을 갖고 있는 제 자신을 보면요? 음... 부정적인 느낌은 아

니에요. 그래도 저는 그런 제 자신의 모습이 좋아 보이기도 하거든요. 근데 우려가 되는 부분은 있는 거 같아요. 이런 게 나중에 번아웃으로 다가오지는 않을까? 다른 사람이 저처럼 살고 있는 모습을 보면 '진짜, 일 열심히 한다.' 그런 생각 하거든요. 그니까 '뭐 때문에 저렇게 열심히 일하지?' 이런 생각이 들 것 같아요.

전 : 아! 멋있고 좋아 보이면서도 왜 저렇게 열심히 일할까? 이런 생각을 할 거 같다는 거죠?

김 : 네.

전 : 진짜? 궁금해지는데요. 왜 그렇게 (일을) 열심히 해요?

김 : 아까 말했던 그런 부분인 거죠. 인정받고 싶은 거죠. 마음으로 만족하는 거? 저는 그런 거 같아요.

전 : 네. 번아웃도 자주 경험했었나요?

김 : 저는 바쁜 일이 끝나면 번아웃이 오더라구요. 딱 일이 끊기니까? 대부분 그런 거 같아요. 일이 재밌어서 하는데... 내가 이걸 왜 하고 있지? 이럴 때 번아웃이 오는 거 같아요.

전 : 그럼 번아웃이 올 때 바닥을 치고 올라올 수 있었던 어떤 원동력이랄까요? 어떤 것 때문에 바닥을 치고 올라올 수 있었던 것 같아요?

김 : 음... 사실 저는 제가 하고 싶은 걸 많이 얘기하는 편이거든요. 뭔가 제가 얘기하는 걸 좋아해요. 그러니까 제가 주도적으로 뭔가 할 수 있는 환경이 되면 다시 힘이 솟구치고 그래요. 누가 시키는 대로

하는 것이 아니라 주도적으로 이끌어가는 게 잘 맞는 거 같아요.

전 : 아, 그렇군요.

김 : 그렇지 않으면 올라오지 못하는 거 같아요.

전 : 음... 굉장히 주도적이고 진취적인 성향이 있네요.

김 : 네. 약간 어떤 면에서는 하고 싶은 대로 하는 것일 수도 있어요.

전 : 음... 진지님이 하고 싶은 걸 하는 게 꽤 중요하고, 주도적으로 할 수 있는지가 중요하고 그러네요. 누가 시키는 걸 하기보다는...

김 : 맞아요. 제가 예전 직장에서 이직을 한 이유도 그거에요. 제가 주도적으로 하다가 어느 순간에는 그렇게 할 수 없는 세팅이었거든요. 그러니까 '내가 이 일을 왜 하고 있지... 힘드네.' 그런 생각이 든 거에요. 그렇게 되니까 사람이 되게 부정적으로 변하더라구요. 그래서 회사를 옮긴거죠.

전 : 자, 그래요. 일단 진지님 성향을 잘 알게 됐어요. 그다음 얘기로 가봅시다. '고민을 놓을 수 없다?' 그것과 관련된 질문인데요. 그 고민의 대상? 뿌리가 무엇일까 궁금해집니다. 무엇 때문에 진지님이 고민을 놓을 수 없을까요?

김 : 아, 저는 본래 일만 생각하는 스타일이거든요. 그런데 제 안에 복합적인 걱정이 있더라구요. 사실 생각을 깊이 안 해봤는데 문득 드는 생각은 남을 크게 의지하지 않는 편인 거 같아요. 어떤 방면에서 리스크가 있으면 다 떠안을 수밖에 없다고 생각하는 편인 거

같아요. 혼자 하는 거죠. 책임감이 강해서일까요? 어떤 위험한 상황이나 실수가 발생하지 않도록 걱정을 많이 하는 편이에요. 예를 들면 금전적인 부분도 마찬가지구요. 가족의 지원은 기대하지 않고 혼자서 해야 되는 부분도 있어왔구요. 회사에서 인정받는 부분도 팀으로 가는 건데 일단 혼자 잘 해야 한다고 생각하는 부분이 있어요. 일이든 집에서든 안 좋은 상황으로 가는 걸 많이 걱정하는 편인 거 같아요. 아니, 최고의 방향, 더 좋은 방향으로 가려고 노력을 많이 하는 거 같아요.

전 : 환경의 영향도 없지는 않은 듯해요. 그러면서 성격상 책임감도 높은 거 같구요. 또 잘하고 싶다 보니까 걱정이 많네요. 그러면서도 대충하기보다는 최고의 방향으로 가고자 노력하는 편이구요.

김 : 사실 어느 누구도 책임지라고 하지는 않지만 책임감을 많이 느끼는 편이에요. 가족한테도 신경 안 쓰이게 살고 싶고, 회사도 그렇구요. 제가 잘하고 있다는 생각이 들도록 살고 있는 거 같아요.

전 : 아, 그렇군요. 그런데 책임감이 과하면 힘들진 않아요?

김 : 힘들다기보다는… 뭐랄까 잘하면 보상이 있잖아요. 물론 안될 때는 힘들죠. 그래서 감정 기복이 있어요. 제가 못하고 있다고 생각하면 스트레스가 있는 편이고, 잘하고 있다고 생각할 땐 쭉 잘 나가구요.

전 : 음, 그럼 잘 될 때가 많아요? 아닐 때가 많아요? 굳이 저울질하자면.

김 : 그때그때 다른 거 같아요. 이 일을 시작한 초창기에는 안 될 때가 더 많아 스트레스를 받았거든요. 그런데 노력하고 일이 잘될 시점

부터는 더 잘 될 때가 많은 거 같아요. 왔다 갔다 하는 거 같아요.

전 : 그럼 지금 말씀하신 그 부분, 진지님 특징이잖아요. 그 부분에 관해서는 스스로 어떻게 평가하세요? 뭐든지 혼자 해나가는 부분이랄까요?

김 : 좀 힘들게 사는 거 같기는 해요. 그냥 편하게 살 수도 있는데... 나라는 사람을 남이 봤을 때. 뭐랄까. 아마도 '아, 진짜 여유 없이 사는구나.' 이런 생각 할거에요.

전 : (이런 상태라면) 여유가 있을 수가 없을 거 같아요. 누구에게 의지도 안 해, 가족의 도움도 안 받아, 리스크도 다 혼자 떠안아야 해. 그러면서도 최고의 방향으로 가야하잖아요?

김 : 그러네요. 걱정 근심이 없을 수가 없네요.

전 : 이걸 모두 완벽하게 수행해야 하는데 여유가 있을 수가 없죠.

김 : 그러네요.

전 : 아, 그렇다면 이 두 가지 부분에 관해서 스스로 변화하고 싶은 부분이 있으세요? 혹은 지금 상태에 대해 그냥 괜찮다고 생각하시는지? 아니면 진지님 자신에게 요청하고 싶은 부분이 있을까요?

김 : 어떤 변화가 필요한지 지금은 잘 모르겠어요. 변화가 필요 없다는 말은 아니구요. 일을 줄이고 삶을 챙기는 게 좋은 방법일까. '과연, 여유를 가질 수 있을까?' 이런 생각도 들어요. 근데 지금 여유를 챙긴다고 하면 마음속으로 걱정을 계속할 거 같아요. 그리고 주변 상

황이 덜 개선된다고 하면 더 불안해질 거 같아요.

전 : 아, 그렇군요. 남을 의지하지 않는다고 했잖아요? 일도 대부분 스스로 하잖아요. 만약 그 일이 너무 많으면 어떻게 됩니까? 구체적으로 어떻게 하시는지 궁금해요.

김 : 남을 의지한다고 하는 게 도움을 구하는 거랑 좀 다른 거 같긴 해요. 어느 정도 도움을 구해서 좋은 결과물을 내기 위해 도움을 받을 수는 있지만, 의지하는 건 기댄다는 거잖아요. 그건 달라요.

전 : 아, 그렇군요. 정확해요. 진지님이라는 사람은 누군가를 의지하지는 않아요. 맞죠? 그건 어떤 이유 때문일까요?

김 : 사실 성인 됐을 때부터 그랬던 거 같아요. 집에서 지원이 없어졌어요. 대학 갔을 때부터 어려워졌어요. 그래서 등록금, 생활비도 어머니가 조금 주시긴 했지만 대부분 제가 다 하려고 했죠. 등록금을 벌려면 힘드니까 성적 잘 받아서 장학금 받거나... 그런 것들이 연쇄적으로 다가왔던 거 같아요. 그땐 직장인 되기 이전이라 부모님밖에 기댈 사람이 없었는데 스스로 홀로서기를 해야 했던 상황이었던거죠.

전 : 아, 그렇군요. 뭔가 환경적인 요인이 있었던 거네요. 그럼 그 당시에는 상황을 잘 받아들이는 편이었을까요? 불만을 가질 수도 있었을 나이인데...

김 : 상황상 어쩔 수 없었어요. 선택의 여지가 없었어요. 장학금 받고 하다보니 만족감도 느끼고 했죠. 물론 (돈을) 절제하여 쓴 부분도 있

죠. 애들이랑 술 한잔하고 싶은 거 용돈이 적으니까 참고 그랬죠. 용돈이 적으니까 거기 맞춰 생활한 거죠. 질문으로 다시 돌아가면, 선택의 여지가 없었기 때문에 순응할 수밖에 없었다고 할까요.

전 : 아, 그렇군요. 그럼에도 결과가 좋았기 때문에 나쁘지는 않았네요. 학교 성적이라든지 절제력이라든지 모든 게 대체로 괜찮았군요.

김 : 결과물은 계속 좋았어요.

전 : 음... 성공 경험들이 있어왔고... 그런 패턴들이 지금도 만들어지고 있구요. 그렇죠?

김 : 네.

전 : 그러니까 진지님이라는 사람이 여유가 없고 힘든 거 같다는 생각이 들긴 하지만 그런 상황에서 최선을 다해온 건 사실이네요.

김 : 네. 10년 넘게 여유 없이 달려온 거 같아요.

전 : 오랜 시간 앞만 보고. 그렇게 10년 넘게... 그 과정에서는 잘한 부분도 있고 결과물도 있어왔고. 그렇죠? 그럼 정서적인 면에서는 어떨까요?

김 : 저는 건물주나 금수저 친구들과 비교해봤을 때 부족한 게 많지만. 가족들한테 탓을 돌리지는 않아요. 기대할 바가 없다고 생각했기 때문에 앞으로도 제가 잘해야겠다는 생각을 해온 거죠. 물론 (금수저들) 부럽죠. 그런데 부러워해봤자 의미가 없으니 제가 잘해야겠다고 생각한거죠. 그리고 다음에 제가 낳을 자녀가 잘 살았으면 좋

겠구요. 그렇다 보니 열심히 해서 자녀들이 좋은 환경에서 크도록 해주고 싶어요. 그러니 더 열심히 돈을 모으는 거구요. 앞날을 위해서요.

전 : 그러니까 어떻게 보면 수용력이 좋은 거처럼 느껴지기도 해요.

김 : 어떻게 보면 포기했다고 할 수도 있죠.

전 : 그렇죠. 포기일 수도 있고 어떤 면에서는 수용일 수도 있고. 사람마다 해석이 다를 수 있겠죠. 진지님의 경우 안되는 부분은 포기하고 현재와 미래 중심적으로 생각하는 경향이 있고. 미래지향적인 거 같기도 해요.

김 : 네. 대부분 과거에 크게 미련을 가지고 있지 않아요. 과거의 인간관계 딱 떠오르는 게 없어요. 그다지 신경을 안 쓴다고 할까요?

전 : 좀 성격이 긍정적인가요?

김 : 음... 긍정적일 수도 있는데 부정적인 부분에서는 또 걱정을 하거든요. 부정적인 면이 발생할까 봐 걱정하니까 부정적으로도 볼 수 있을 거 같아요. 예를 들면 회의할 때 실수했는데 다른 사람들한테 어떻게 받아들여질까? 내일 자료 준비하는데 실수할까 봐 걱정하는 거죠. 누구나 하는 걱정이지만요. 친구들이 '네거티브짱'이라고 부를 때가 있어요. 아주 부정적인 사람이란 뜻이죠.

전 : 음, 그렇군요. 요즘 자주 걱정되었던 거 몇 개 예를 들어주실 수 있을까요?

김 : 음, 뭐가 있을까요. 제가 이직할 때 유럽으로 배낭여행을 갔다 왔
거든요. 3주 정도 다녀왔어요. 가급적 절약하는 쪽으로 여행 루트
를 짜야하다보니 별것이 다 걱정이더라구요. 숙소를 저렴한 데 잡
다보니 벌레가 나오면 어쩌나, 저가 항공은 위험한 건 아닐지, 콜택
시는 잘 잡혀 지각하지 않고 공항에 도착할 수 있을지, 여권은 안
전하게 들고 다닐 수 있을지 등 여러 가지 걱정이 되더라구요. 친
구들 세 명이랑 같이 갔는데 이런 쓰잘데기 없는 고민 좀 그만하라
더라구요. 가끔 주변 사람들한테 부정적으로 받아들여질 때도 있는
거죠. 또 얼마 전 회사에서 싱가폴 지사 사람들이 방문하는 좀 중
요한 행사였는데, 제가 프리젠테이션을 맡았거든요. 미팅을 성공리
에 잘 마칠 수 있을지, 영어발음(특히 F, R)이 꼬이는 건 아닌지, 그
들의 매너에 맞춰 나이스하게 잘 인사할 수 있을지 뭐 이런 잡다한
생각이 올라올 때가 있어요. 결국 잘하고 싶은거죠. 실수 없이.

전 : 그렇군요. 잘은 모르겠지만, 진지님이 미팅에서 실수했을 때 다른
사람은 어떻게 받아들일까, 일에 관해 적응할 수 있을까, 잘하는
게 중요한 거 같고, 실수를 안 하는 게 중요한 거 같구요. 거꾸로
실수하는 상황을 잘 받아들이기 어려운 부분이 있고. 그러니까 '절
대 실수하면 안 돼!' 이런 비합리적인 신념이 있을 수도 있구요.
'반드시 잘 해야 돼.' 뭐 그런 신념? 물론 성공궤도로 날 올려놓는
생각들이지만 가끔 진지님을 어렵게도 하죠? 혹시 일상에서 실수
할 때가 많아요?

김 : 아, 그러니까 정말 사소한 거요. 발표하다가 더듬더듬한다든가. 최악
이죠. 질문을 이해 못 해서 답을 못 한다든가. 그런 게 가끔 있거든

요. 자주는 아니구요. 특히 중요한 미팅에서 그럼 정말 망치는거죠. 중요한 발표에서는 특히 'f' 발음이 더 꼬이고 이상해지더라구요.

전 : 그렇게 될 때면 무엇을 느껴요?

김 : 아, '나 그런 스타일이 아닌데, 왜 그랬지?', '준비가 부족했나?, 다음에 절대 그러면 안되겠다.' 이런 생각하죠. 근데 이런 실수가 반복되다보면 또 실수를 안 하게 되긴 해요. 그러니까 잘할 때까지 압박을 받는 거 같아요.

전 : 근데 실수를 해도 아주 크게 문제되는 상황은 아닌 거 같아요. 미팅에서 'f' 발음이 꼬이는 건 사실 사람들은 별로 신경 안 쓸 수도 있을 거 같거든요.

김 : 그렇긴 하죠. 오히려 큰 프로젝트에서는 부담이 덜한 편이에요. 계속 해왔던 분야고 부담이 적어요. 오히려 어정쩡한 소규모나 중간 사이즈 프로젝트에서 더 그런 거 같기도 하구요. 우연일지도 모르겠지만요.

전 : 그렇군요. 저는 얘기를 하면서 느껴지는 부분이 있어요. 진지님 자신의 존재가치와 일의 성공이 동등한 선에 놓여져 있는 거처럼 느껴진다고 할까요? 이 부분에 관해서는 어떻게 생각하세요?

김 : 음... 어려워요. 일의 성공과 나의 존재가치라... 어떻게 봐야 할까요?

전 : 어려운 생각일 수도 있어요. 근데 벌써 시간이 이렇게 됐네요. 오늘은 시간이 다 되어 마칠 시간이 됐고. 다음 시간에 이어서 조금 천천히 생각해봅시다. 과제 하나 내드릴게요. 괜찮으시겠어요? 다

음 시간에 오실 때 진지님이 한 주 동안 생활하시면서 스스로에게 실망을 준 사건이나 실수한 부분이 무엇이 있었는지 메모해 오시면 좋겠어요. 가능하시겠어요? 한두 가지 정도 간단하게.

김 : 네. 적어볼게요.

전 : 안녕하세요. 잘 지내셨어요? (상담)시간 내시기가 바쁘시죠?

김 : 아, 그래도 괜찮아요.

전 : 그렇군요. 지난주 걱정, 근심에 관해 얘기했었죠. 최고의 방향으로 가기 위해 움직이는 부분, 그러면서도 남을 의지하지 않는 성격에 관해 얘기했었죠. 일상에서 발생하는 사소한 실수에 관해 체크해 보자고 했었어요. 혹시 한 주 동안 발견한 점이 있나요?

김 : 제가 한 주 동안 실망이나 실수에 관해 적어보려고 했었는데요. 막상 적어보려니까 별로 없더라구요. 약간 뭐랄까 '나 왜 이랬지?' 이런 거요. 딱히 적어보려니까 없는 거에요. 조금 의외였던 부분이었던 거 같아요. 분명 실수를 많이 했고 그거에 관해 고민을 많이 했었거든요. 그런 게 없네요.

전 : 음... 그렇다면 의외로 실수가 없는 거를 발견한 거네요, 어떻게 보면.

김 : 네. 분명 입사 초기에는 자신에 대해 실망을 많이 했고 그러면서 성장을 했거든요. 그러니까 지금은 내가 좀 성장을 했기 때문에 나에 대해 실망을 안 하는 건가? 저도 뭐가 뭔지 잘 모르겠어요. 그런데 이런 건 있었어요. 좀 더 좋은 방향으로 가기 위해서 고민하는 건 있었는데 그건 실망은 아니었어요.

전 : 그럼 그건 뭐였어요?

김 : 음... 그냥 불안감? 약간 걱정에서 비롯된 거 같아요.

전 : 음... 걱정. 걱정이나 불안 이런 단어들이 두드러지게 많이 나오네요. 그런데 실수에 관해 찾아보려고 하니까 없었던 거네요. 과제를 하면서 구체적으로 어떤 생각이 떠오른 부분이 있었을까요?

김 : 사실 뭐... 되게 어렵네요. 생각을 정리하려고 하니까 더 어려운 거 같아요.

전 : 맞아요. 그러니까 실수에 관해 많다고 생각했었는데 막상 과제를 하려니 없었다? 잘 못 찾았던 건지 아니면 정말 없는 거였을까요? 그런 진지님을 마주하면서 '실수가 왜 없지?' 이런 생각도 했을 거 같구요.

김 : 네. 맞아요.

전 : '옛날엔 자주 있었던 거 같은데...' 이런 생각도 할 수 있었을 거 같아요.

김 : 네. 그런 생각도 있었던 거 같아요. 처음에 이 회사에 들어와서 압박감을 많이 느꼈었어요. 사람들은 보통 힘들었던 경험을 많이 기억하잖아요? 그때 당시 스스로에게 실망했던 적이 많았거든요. 그래서 '난 이거 때문에 힘들다.' 이런 생각을 자주 했었거든요. 그런데 생각해보면 그건 이직이라는 상황이어서 그랬던 거지 제가 원래 그런 사람은 아니었던 거 같아요.

전 : 그러니까 어떻게 보면 과거의 어떤 기억 때문에 현재도 그럴 것이 다라고 생각을 했는데, 막상 찾아보려고 하니 별로 없다? 그럼 괜찮은 상태 아닐까요?

김 : 맞아요. 그런 거 같아요. 제가 여기 입사하고 평가에 따라서 승진 여부가 정해지다보니 더 그랬던 거 같아요. 그런 거에 압박을 느껴서 스스로 실수했다 싶으면 실망하고 걱정하고 그랬던 게 좀 컸던 거 같아요. 그런 게 지나니까 마음속의 부담감이 좀 내려가면서 괜찮아지지 않았나 싶기도 해요.

전 : 그럴 수 있죠. 뭔가 상황에서 오는 게 있을 수도 있잖아요. 승진 앞두고 '잘 패스해야 하는데 못하면 어떻게 할까?' 이런 거 있었겠죠 당연히. 불안감 같은 거?

김 : 네. 그렇죠.

전 : 어쨌든 현재 시점에서 결론적으로 따져보니 '실수가 별로 없다?' 이건 새로운 발견이기도 한 것 같아요.

김 : 음, 그렇죠. 저는 제 스스로에게 실망을 많이 하는 편인 줄 알았는데 아니었어요. 물론 일주일이란 시간이 짧아서도 그럴 수 있을 거 같구요. 일단 제가 보편적으로 실수하는 사람이 아니란 건 드러난 거 같아요.

전 : 그렇군요. 지금까지 상담 시작부터 생각의 연결고리들이 있었을 거 같은데요. 뭔가 진지님 자신에 대해 몰랐던 점을 발견한 부분이 있을까요?

김 : 음...

전 : 그러니까, 진지님이 상담 시작하기 전에는 나라는 사람에 관해 A 라고 생각했었는데, 이런저런 생각을 하다 보니까 B의 모습도 있는 거 같아. 뭐 이런 부분?

김 : 음... 특별히 다른 게 있는지는 잘 모르겠어요. 이번에 발견한 거, '나 스스로에 관해 실망하지 않는다.'라는 게 조금 의외였던 것 같아요.

전 : 그렇군요. 그럼 앞으로 걱정이나 근심 이런 부분에 관해서는 어떻게 다루는 게 좋을까요?

김 : 음... 잘 모르겠어요. 이게 직업에서 오는 특성일 수도 있는 거 같아요. 디자이너 파트에서 책임을 맡다 보니까. 제가 어떤 실수를 하면 제품 일정이 꼬여서 여러 가지 영향이 크거든요. 그런데 걱정이나 근심이 일적으로는 꼼꼼하게 해야 한다는 압박감이 있지만 도움이 되는 부분도 많은 거 같아요. 이게 있어야만 일이 꼼꼼하게 되고 실수가 없잖아요. 그래야만 주변 사람한테 인정도 받고 그럴 수 있는 거 같아요.

전 : 네. 그렇군요. 뭔가 걱정이란 단어가 부정적인 어감이 있기는 하지만 일하는 면에서는 도움이 되는 측면이 분명 있네요. 생각을 한번 더 해보게 되고, 사려 깊게 바라보기도 하고 뭐 그런. 그런 부분에서는 도움이 된다고 해석할 수도 있겠네요.

김 : 그렇죠. 뭐. 얘기하다보니 신중하다고 표현할 수도 있을 거 같아요.

전 : 그러니까 일을 좀 신중하게 하는 게 진지님 강점이 될 수도 있겠네요?

김 : 네. 맞아요. 일에서는 그럴 거 같아요. 물론 제가 힘들겠죠? 그냥 마음 편하게 대충하시는 분들 많거든요.

전 : 그럼 진지님 일하는 동안은 '걱정'이란 놈을 계속 안고 가겠다? 그런 걸까요? 마치 '걱정'이라는 게 진지님 스스로에게 수용되고 한편 받아들여지는 것처럼 느껴지기도 해요. 어떠세요? 음... '내가 이걸 꼭 바꿔야 해.', '걱정을 꼭 떨쳐버리겠어.' 뭐 그런 건 아니잖아요?

김 : 음... 그렇죠. 한편 저는 일적으로는 (걱정하는 게) 그대로 갔으면 좋겠어요. 하지만 제가 일상생활이 힘들어지는 부분이 있다면 바꾸면 좋지 않을까 생각을 하기도 해요. 그 부분은 아직 발견하지 못했어요. 어제도 휴일인데 잘 쉬고 그랬거든요. 그런 거 보니까 그렇게 목매고 있는 건 아니구나 싶기도 해요.

전 : 아, 어제도 의외로 잘 쉬었구요.

김 : 네. 맞아요.

전 : 뭐 하셨어요?

김 : 어제 영화도 보고 출렁다리도 한번 가보고, 아는 사람들 만나서 술 한잔 마시고 했어요. 오랜만에. 아, 그래도 노트북은 혹시나 하는 마음에 계속 들고 다니더라구요. 그림을 업체에 넘겨줘야 찍어내는데 수정 일정이랑 업체 일정도 있다 보니까 언제 연락이 올지 모르거든요.

전 : 아, 놀러갈 때도 (노트북을) 들고 다니시네요. 그건 무엇 때문이에요?

김 : 무슨 일이 터질까 봐요.

전 : 그렇군요. 그건 책임감일까요?

김 : 네.

전 : 그렇군요. 그럼 진지님 자신의 삶에 관해서는 스스로 만족하는 편이세요? 휴일에도 노트북 가방을 짊어지고 다니는 자신의 모습에 관해서요.

김 : 음... 어제는 좋았어요. 어제 같은 삶이 계속되면 좋겠어요. 주말이나 휴일에도 이어지면 좋겠어요. 최근에 안 좋은 적이 많았거든요. 주말에도 신경 쓰이게 일하고 그런 게 많았거든요. 완전히 일에서 벗어나지는 못해도 어제 같은 날은 참 좋았어요.

전 : 네. 다행이에요. 어제의 하루가 좋았다? 어제는 어떻게 그런 날을 보낼 수 있었던 걸까요?

김 : 음... 잘 모르겠어요. 날씨가 좋아서 그랬을까요?

전 : 아무튼 휴일 같은 휴일을 보낸 거네요?

김 : 네. 요즘 사람을 잘 안 만났던 거 같아요. 오랜만에 만나고 놀고 그랬거든요.

전 : 사람을 만나서 에너지를 좀 받으셨어요?

김 : 네. 제가 얘기하거나 토론하는 걸 좋아해서 만났을 때는 에너지를

좀 받는 편이에요. 어제는 잘 얘기하지 않는 리사이클(recycle)에 관해 얘기를 했어요. 뭐 다음 세대를 생각해야 한다는 거창한 얘기부터, 뭐 그런 거 무시하고 일단 편리한 게 중요하다, 종이컵은 하루에 몇 개 쓰냐, 일회용 장갑이 썩는 데 몇 년이 걸릴지 등에 관해 말입니다.

전 : 아, 그렇군요. 어쨌든 에너지를 받았다면 가끔 사람들을 만나는 것도 좋겠네요?!

김 : 그렇죠. 근데 좀 그런 게 있는 거 같아요. 제가 일을 위주로 살다 보니까 약속을 미리 잡는 편은 아니거든요. 그래서 혼자 지내는 편이에요. 그러다보니 더 일을 끄집어 내게 되는 거 같기도 하구요.

전 : 그렇군요. 아, 일단 우리 얘기했던 주제로 다시 돌아가서요. 우리가 찾아보려고 했던 걱정이나 근심. 어떤 면에서 제가 볼 때는 크게 문제가 되어 보이지는 않거든요. 진지님 생각은 어떠세요?

김 : 네. 일단 얘기를 하다 보니까 그럴 수도 있을 거 같아요.

전 : 저두요. 처음에는 저희가 걱정이나 근심이 많은 게 문제가 될 거라고 생각했었잖아요. 그래서 걱정을 덜 수 있는 부분이 뭘까 여기 초점을 뒀는데… 막상 얘기를 하다보니까 일의 역할에서 오는 게 많고, 일과 걱정들을 친구삼아 살아가는 거 같기도 하거든요. 진지님과 붙어서? 왜냐하면 진지님이 걱정과 같이 가는 걸 또 그렇게 불편해하지 않는 거 같은 느낌도 들거든요.

김 : 아, 그러네요. 오히려 말하다 보니까 제가 스스로 뭔가를 이뤄내고

잘 지내는 거에 대해 대견하다고 생각하는 부분도 있는 거 같아요.

전 : 아, 그래요? 스스로에 대한 대견함이라... 그건 뭘까요?

김 : 음... 뭔가 더 나은 방향으로 가려고 하는 부분이에요.

전 : 네. 그렇군요. 더 나은 방향으로 나가려는 모습. 좋습니다. 그럼 이쯤에서 진지님이 갖고 있는 강점? 나 이런 점 괜찮은 거 같아.' 그런 거 있죠? 예를 들면 어떤 사람들은 누군가를 편안하게 해주는 사람도 있고, 또 어떤 사람들은 그림을 잘 그리고, 춤을 잘 추기도 하고 어떤 재능들이 각기 있기도 하잖아요. 운동능력이 좋다든지, 수영실력이 좋다든지 등 신체적인 부분에서도 강점이 있을 수 있구요.

김 : 음... 장점이라고 하면 주변에서 들은 것도 있고, 스스로 느낀 것도 있긴 해요. 주변 사람들에게 힘을 주고 동기부여를 잘 해주는 편인 거 같아요. 약간 힘이 없는 사람들에게 에너지를 주는 편이랄까요. 힘없이 늘어져 있는 사람들이랑 일하면 그들이 슬럼프를 극복할 수 있도록 해주고 다시 일에 집중할 수 있도록 해준 경우도 있었구요. 남들한테 공부든 일이든 방황하고 있으면 좀 동기부여를 시켜주는 게 있어요. 제가 말하긴 좀 그런데 저랑 일하면 재미있다고 얘기를 듣는 편이에요. 힘을 좀 실어줄 수 있다고 할까요? 몇몇 사람들은 활기를 얻고 일을 진짜 열심히 하게 되더라구요.

전 : 오! 그건 어떻게 가능하죠? 그들은 뭐 때문에 진지님과의 대화를 통해 힘을 얻었을까요?

김 : 제가 평소에 좀 의욕적으로 일하다 보니까 어떻게 일하냐고 잘 물어보시더라구요. '이렇게 하면 재밌다. 이렇게 하면 좋다.'라고 말도 해주고요. 그러면 그분들도 한번 그렇게 시도해 보려고 하구요. 그분들이 답답하고 이런 것도 공감해주고 그래요. 아, 근데 저는 마음에 공감해 주기보다는 정답을 같이 찾아 나가려고 노력을 많이 하는 편이에요. 그렇게 하다 보면 사람들이 다시 도전해보고 활력을 얻기도 하더라구요.

전 : 어떻게 보면, 직장에서 굉장히 필요로 하는 사람이네요.

김 : 아, 그런가요?

전 : 그렇죠. 누군가 활력을 잃고 사기가 떨어졌을 때... 용기를 주기도 하니까요. 격려자의 역할 같기도 하구요. 의욕을 불어 넣어줄 수 있는 능력 좋습니다. 어떻게 보면 (인간)관계적인 면에서 강점이네요. 뭐 상황마다 다르겠지만 진지님이 갖고 있는 자원들이잖아요. 사람들은 정답을 일방적으로 가르쳐주는 거 별로 안 좋아하는 거 같아요. 근데 같이 찾아가시니까... 참 좋네요.

김 : 네. 맞아요. 저는 제가 말하는 게 늘 정답은 아니라고 말하면서 가거든요. 그런 방식을 추구해요. 어느 순간부터 그게 좋아요. 무조건 옳다라고 생각하기보다는.

전 : (보통) 사람들은 그런 사람들과 대화하고 싶어하지 않나요? '내 말이 맞아! 따라와.'라고 하는 사람들 별로 좋아하지 않잖아요? 게다가 이렇게 하라고 명령하거나 강압적인 사람들은 별로 안 좋아하는 거 같아요. 그런데 '난 잘 모르겠지만 같이 알아보자.' 이런 식

의 방식을 취하는 사람들은 인기가 좋죠 대부분. 또 진지님은 어떤 강점이 있을까요?

김 : 관찰력이 좋은 거 같아요. 제가 어렸을 때부터 그림을 그려서일까요? 뭐 좀 타고난 걸까요? 잘 모르겠지만 어쨌든 사람을 보면 특징을 잘 잡아내요. 캐리커쳐 같은 거 재미로 길에서 그려준 적 있는데, 애들이 좋아하더라구요. 재미삼아 저렴하게 대학가에서 해봤거든요. 연인들이 그림 들고 알콩달콩 즐거워하는 모습을 보니까 좋죠. 근데 일할 때는 걱정에서 우러나오는 관찰력이기는 해요. 약간 좀 모든 상황에 관해 비판적으로 봐요. 다른 사람 말을 들었을 때 일단 부정적으로 받아들이는 편이에요. 조금 문제가 있을 수도 있다... 이렇게 봤다가 문제가 없으면 받아들이는 편이에요.

전 : 참, 필요한 능력일 수도 있어요.

김 : 네. 그렇죠. 이런 사람이 팀에 한 명 정도는 있는 게 좋다고 봐요. 모두가 무조건 좋다고 안 하고... 단점부터 찾으려고 하는 그런 시각이 강점인 거 같아요.

전 : 그렇죠. 그래야 발전이 있지 않나요? 그런 시각은 어떻게 가질 수 있었을까요?

김 : 옛날엔 수용적이었어요. 그런데 피드백을 많이 들으면서 자신감을 얻었던 거 같아요. '내가 생각했을 때 내 말이 정답이 아닐 수도 있구나.'라고 생각한거죠.

전 : 네. 그렇군요. 관찰력은 누구나 갖고 싶어하는 장점일 거 같아요. 아, 아쉽지만 벌써 시간이 거의 다 되었네요. 보다 자세한 내용은

다음 시간에 조금 더 이어서 생각해 봅시다. 이번에도 과제 하나 내드릴게요. 30년 뒤를 상상하여 그림(30년 뒤, 어느 하루일과)을 그려오시면 좋을 거 같습니다. 진지님이 무엇을 하고 있을지 말입니다. 가능하실까요? 건강하게 잘 지내시고 반갑게 만나요.

김 : 네. 알겠습니다.

김 : 안녕하세요.

전 : 네. 잘 지내셨어요?

김 : 네. 잘 지냈어요.

전 : 바쁘죠?

김 : 네. 이번 주는 좀 정신이 없네요.

전 : 바쁘신데, 또 이렇게 상담에 오셨네요. 지난번 과제를 내드렸었는
데. 좀 해보셨을까요? 어떻게 보면 쉬운 과제인 것 같기도 하고 어
떻게 보면 어려운 과제인 것 같기도 하고 그런데요.

김 : 그렇게 오랫동안 깊게 생각할 시간은 없긴 했지만요. 다른 사람들
과 대화를 하다가 생각했던 부분들은 좀 있었던 거 같아요. 근데
그렇게 구체적으로 그려보지는 못했어요. 약간 추상적이긴 해요.
그냥 뭐 30년 뒤라고 하면... 일단 저는 뭐 일은 안 하고 있지 않을
까 싶어요.

전 : 아, 진짜요? 그렇게 일 좋아하시는데...

김 : 그때도 일을 하면 되게 슬프지 않을까요? 지금처럼 이렇게 일에 몰

입하면서요.

전 : 그렇기도 하네요. 그럼 일 안 하고 뭐 하고 계실 것 같아요?

김 : 그때면 제가 환갑이 다 되어가잖아요. 조금 일찍 은퇴하구요. 뭐 여행을 다니거나 그런 건 힘들 것 같고요. 그냥 한가로운데 집 짓고 살면 좋겠다는 생각이 들긴 하더라고요.

전 : 네.

김 : 사실 뭐 제 옆에 누가 있을지 없을지는 아직 확신을 못 하겠어요. 아직까지는 누구랑 있을지는 잘 모르겠고요. 한가롭게 지방 같은 데 돌아다니면서 뭐 카페 하나 하면 좋지 않을까 싶어요. 사람 만나는 걸 좋아하다 보니까요. 옛날에 얘기했던 게 친구들이랑 같이 운치 있게 카페 운영하고... 가죽공예 같은 거 있잖아요. 재능을 살려서요. 몇 개는 조금 팔거나 지역 주민들 나눠주기도 하고 같이 배울 수 있는 오픈 클래스도 열어보고 싶어요.

전 : 음... 상상만 해도 좋습니다.

김 : 어쨌든 옆에 누가 있는지는 잘 떠오르지는 않지만... 그런 카페에서 사람들과 얘기도 나누고 커피도 마시는 그림을 그려봤어요. 되게 많은 사람들이 꿈꾸는 일 같기도 해요. 누구나 그런 삶을 꿈꿀 것 같아요.

전 : 그렇죠. 여유 있게. 생계형으로 운영하는 거 말고요. 사람들하고 자유롭게 만나면서요.

김 : 네. 그렇게 사람들을 만나면 활력을 좀 얻지 않을까? 가만히 있으면 지루하지 않을까 싶고요. 그런 생각에서 마냥 쉬는 게 아니라 가죽으로 재밌는 거 창작해 보고... 사람들을 만날 수 있는 걸 하고 싶은 거 같아요. 약간 뭐랄까 나이 들면 여러 가지 동기부여나 이런 것도 잃어갈 것 같고 해서요. 그런 에너지도 받을 수 있고 좋을 거 같아요.

전 : 네. 그러니까 막연히 쉬는 것보다는 뭔가 사람들도 만날 수 있고 그들로부터 뭔가 동기부여도 되고, 살아온 인생 이야기도 하는 거네요. 그럼 노년이 좀 풍요롭지 않을까 이런 생각을 하시는군요.

김 : 예. 마냥 쉬면 힘들 것 같아요. 그냥 시골에서 반려견 키우고, 혼자 가만히 있으면 재미가 없을 것 같아요.

전 : 그러니까 사실 좀 적막한 것보다는 여유 있는 일상, 조금 이야기가 있는 그런 일상?

김 : 네. 맞아요.

전 : 어떻게 보면 사람들을 통해서 좀 지치기도 하지만, 또 사람들을 통해서 동기나 활력을 얻기도 하고 그런 게 있네요. 또 좀 떠올랐던 거 있어요? 지금 말씀해주신 거 말구요.

김 : 음... 그때 저는 하고 싶은 게 하나 있는데요. 제가 원래 목표가 마흔 전에 은퇴를 하는 게 목표거든요.

전 : 마흔 전이라...

김 : 네. 그게 목표에요. 저는 은퇴를 하게 되면 여행을 다니면서 유튜버를 하고 싶어요. 요즘 사람들 많이 하죠. 영상을 찍어서 올리고 싶어요. 그때 아니면 못 할 거 같거든요. 더 늙어도 못 할 거 같구요. 가정이 있으면 못할 것 같긴 한데요.. 그게 고민이긴 한데 가정을 두고 혼자 돌아다닐 수는 없잖아요? 유튜버 중에서도 저는 건축이나 디자인, 가죽공예나 특이한 작품 같은 거에 관심이 높거든요. 유적지 다니면서 유물 같은 거 구경하는 것도 좋아하구요. 그런 거 위주로 아이템을 잡고 보러 다니고 싶어요. 가정이 있다면.... 글쎄요 뭐하고 지낼까요? 가정이 있다면 일단은 40살쯤에는 일을 안하고 그냥 아까 카페 차린다고 얘기했잖아요. 일찍 차리는 것도 생각해 볼 수 있을 것 같아요. 만약 은퇴를 했다면요. 그냥 친구들이나 동네 사람들이 와서 수다 떨고 가는 그런 장소랄까요. 사람들이 퇴근하고 나서 편하게 왔다 가는 장소. 가끔 친구들이랑 술도 한잔 하구요. 약간 피난처 같은 데랄까요. 집에서 싸우면 도망나올 수도 있는 곳? 물론 돈을 어느 정도 모았을 때 얘기겠죠?

전 : 그니까 이게 공통점이 있네요. 카페와 유튜브, 술 한잔 모두 공통점이 있어 보여요. 누군가와 이야기하고 싶다는 의미로... 유튜브도 누군가와 공유하고 싶은 거잖아요. 저는 그런 의미로 느껴지는데, 어떠세요?

김 : 네. 제가 누군가와 대화하는 걸 원해요. 카페 같은 경우는 뭐 커플이 오실 수도 있고, 아니면 혼자 오시거나 조용히 공부하다 가시거나 할 수도 있구요.

전 : 그렇군요.

김 : 그러니까 약간 단골을 대상으로 하는 그런 카페를 하고 싶은 거죠. 돈을 목적으로 하는 게 아니라요. 그냥 반갑게 "왔어? 왔어?" 반겨 주고 그러는 곳. 완전 프리한 느낌?

전 : 아, 영업 분위기가 아닌... 좀 기계적인 느낌 말고?

김 : 네.

전 : 와, 좋습니다. 그런데 그거 하려면 30대 때는 쉴 수가 없겠는데요? 그게 최종 목표일까요?

김 : 카페가 최종 목표는 아니에요. 그런 게 하고 싶다는 정도에요. 제가 원래 목표를 전에 말씀드렸다시피 단기간 목표만 잡다 보니까요. 먼 미래를 잘 생각하지 못해요. 약간 먼 미래 같은 경우는 너무 불확실성이 커가지고요...

전 : 그렇군요. 어쨌든 키워드가 대화, 사람들, 이야기 이런 쪽으로 모아지는 걸 보면 뭔가 명예나 성취 이런 것도 지금은 중요한 것처럼 많이 느껴졌었지만 궁극적인 목표는 아니라는 생각이 들어요. 어떻게 보면 후반부에 말씀하신 그것들이 되게 중요한 가치일 수도 있겠다. 그런 생각도 드네요.

김 : 네. 그럴 수도 있어요. 사람 만나고 대화하는 걸 되게 좋아하긴 해요. 근데 저는 또 혼자 여행하는 걸 되게 좋아하거든요. 누구랑 같이하기보다는요. 여행 가서 택시 타면 기사님이랑 얘기하구요. 햄버거 가게에서 누군가에게 말도 잘 거는 편이에요. 모르는 사람한테 맛집 추천해달라고도 잘하구요.

전 : 아, 그렇군요.

김 : 모르는 사람과 얘기하는 재미가 주는 게 있잖아요. 뭔가 낯선 곳에 혼자 가서 새로운 걸 보고 얘기도 하고 그런 거 재미있잖아요. 그런 것을 요즘은 유튜브로 많이 또 찍는 것 같아요.

전 : 그러니까요? 호텔 소개도 해주고 뭐 음식도 소개해주고 그런 것 맞죠? 뭔가 이익 창출의 목적으로 하는 사람들도 많구요. 어떻게 보면 참 많은 것들을 선택할 수 있는 시대에 살고 있는 게 맞네요. 그동안 우리가 여러 생각을 해본 거 같아요. 고민이 많은 거 자체에 대한 생각부터 뭔가 일에 진지님 자신을 몰아붙이는 모습에 관해서도 생각해 봤는데요. 그러면 이 모든 것들을 이룬다고 치면 궁극적으로 어떤 의미가 있을까요? 오늘, 미래에 무엇을 하고 싶은지에 대한 이야기까지... 어떤 느낌이 드셨어요?

김 : 구체적으로 어떤 기분이 들었다고 말하긴 좀 어려울 것 같고, 사실은 별생각이 없었어요. 어떤 감정을 느끼거나 했는지는 잘 모르겠어요.

전 : 그럴 수 있죠. 그래도 네 번의 만남. 어떻게 보면 짧은 시간인 것 같기도 하고 어떻게 보면 집중해서 얘기를 하다 보니까 되게 긴 시간같이 느껴지기도 한 것 같아요. 어찌보면 길다면 긴 시간이고 짧다면 짧은 시간이잖아요 그동안 무엇이 느껴졌는지 충분히 얘기를 나눠보고 싶어요. 일단 저는 초반에 심리평가를 통해 볼 때 진지님이 매우 주도적인 성향이 있다고 생각했어요. 남을 의지하거나 그런 것보다는 굉장히 주도적으로 무엇이든 하려는 성향이 있

다? 그리고 뭔가 아픈 과거랄까요. 가정 환경이 주는 어떤 배경이 리스크라고 볼 수도 있지만, 가족의 지원을 받지 않으면서도 자기 일에서 최고의 방향으로 나아가려는 그런 에너지틱한 모습도 만날 수 있었구요. 그리고 원만한 대인관계랄까요. 사람을 좋아하고 그런거요. 그게 진지님이 가진 어떤 굉장히 중요한 자원일 수 있겠다는 생각이 들기도 했거든요. 그리고 조금 뭐 긴가민가했던 부분들에 대해서 좀 확인을 할 수 있었던 부분들도 있었던 거 같고, 초반에는 걱정이나 근심이란 단어가 많이 나와서 좀 단어에 주목해서 봤던 것 같기는 한데... 사실은 또 그게 그렇게 크게 문제가 되지 않는다는 것을 이어서 확인할 수 있었던 것 같아요.

김 : 뭐 말씀하신 것처럼 원래 제가 그런 사람인 줄 알았던 걸 같이 확인할 수 있었고, 고민까지는 아니어도 그대로 남아있는 부분도 있긴 한 거 같아요. 어렵다고 생각하는 게 어려운 게 아닌 부분들도 있지만은 간간이 어렵긴 하거든요. 음, 시작했을 때 고민이었던 것들이 고민이 아니게 된 것들도 있고 고민까지는 아니어도 그대로 남아있는 부분도 있고 한 거 같아요.

전 : 그렇군요.

김 : 고민까지는 아니더라도 뭐랄까 걱정이라는 거를 다 안 놓기로 한 거잖아요.

전 : 음, 그랬죠.

김 : 예. 아직 남아있는데... 그게 걱정이라 하면서도 마음이 편해진 부분이 있는 것도 있지만, 걱정이 아직도 저를 불편하게 하는 부분도

있는 거 같아요.

전 : 그렇군요. 걱정이 아직도 불편하게 하는 부분은 어떤 게 있을까요? 그러니까 부담감과 같이 다가오는 것들일까요?

김 : 안 해본 것들을 위한 거랄까요. 그리고 제가 했을 때. 예를 들면은 면접할 때요. (면접을 하는) 제가 어떻게 하느냐에 따라서 회사의 이미지가 달라지잖아요. 그러니까 어떻게 비칠까 하는 이런 걱정도 있잖아요. 내가 누군가의 거치를 정할 수 있는 그런 위치가 된다? 뭐 그런 거에 대한 부담감들이 있어요.

전 : 아, 그렇군요.

김 : 그러니까 업무 자체에 대한 부담감은 좀 나아졌지만 제가 남에게 영향을 주는 부분에 대한 거에 대한 걱정이나 부담감은 여전히 남아 있는 거 같아요.

전 : 아, 그렇죠. 어떻게 하느냐에 따라 달려있는 거니까요.

김 : 네. 그런 거에 대한 거는 여전히 부담이 있어요. 남한테 피해를 주고 싶지 않은데 줄 수밖에 없을 때도 있거든요. 그런 걱정이랄까요?

전 : 맞아요. 참 정확하고 현실적인 지적이신 것 같아요. 여전히 걱정이 남아있고 앞으로도 계속 생길 거 같구요. 또 계속적으로 새로운 게 나타날 거고 이 부담감에서 누가 자유로울 수 있을까요? 뭐 저도 마찬가지고. 본인이 하는 어떤 일에서의 책임감, 부담감 이런 건 다 있죠. 그걸 사회적인 책임감이라고 본다면... 그런 부분이 다 있는 거 같진 않아요. 정말 책임감 없으신 분들도 있으니까요. 그런

분들은 실제로 조금 덜 하는 것 같아요. 회사에 그런 분들 혹시 있지 않나요?

김 : 네. 있어요.

전 : 꽤 있으시더라고요. 남이 뭐 어떻게 될지에 관해 별로 생각하지 않는 분들요. 그냥 칼 같은 사람들 있잖아요. 어떻게 보면 진지님이 지니신 장점 중에 또 하나가 어떤 따뜻함이나 인간에 대한 어떤 배려나 마음 그런 게 아닐까 싶어요. 이런 스타일은 현실적이고 냉정한 어떤 일의 판단이나 의사결정 앞에서는 좀 딜레마에 빠지는 일들이 종종 있죠. 그때마다 좀 마음이 그렇죠? 그래도 뭔가 내가 어떤 식으로든지 적응을 하고 정서 조절을 해나가면서 적응해나가는 거 같아요. 물론 그런 부담감이 여전히 자신을 불편하게 만들기도 하죠. 그래도 상담하기 전보다 짧지만 몇 차례 상담시간을 거쳐 조금이라도 홀가분해진 부분이 있으실까요?

김 : 네. 아까 말씀드린 것처럼 일에 대한 부담은 좀 나아졌어요. 이게 상담을 통해서 나아진 건지는 잘 모르겠지만요, 어쨌든 그런 부분들이 좀 많이 나아졌어요. 그리고 자존감이라고 해야될까요? 자존감이 높아진 거 같아요.

전 : 근데 제가 느끼기에는 일에 대한 프라이드가 매우 높고 그러신 거 같아요. 뭐 자존감이라는 변수 하나만 따로 떼서 보기 어려울 수도 있겠지만 자신을 존중하는 감정이라 할 때, 그런 것들은 대체로 괜찮다고 느껴졌어요. 뭐 자신을 비하하거나, 자신에 대해 괴로워하거나 그런 건 별로 느껴지지 않았거든요. 진지님이 그동안 이만큼

일을 해왔고, 또 어떤 부분에서는 힘든 가족배경이 있었지만... 40대 전에 은퇴를 하고 싶고 뭔가 바라는 것들이 있고. 대체로 아주 구체적으로 인생의 플랜을 세우셨으니까요. 저는 이 부분이 되게 인상적이었어요. 유연성을 갖고 아주 성실하게 살아가는 모습처럼 보였으니까요. 특히 미래에 대한 이야기도 했지만 어쨌든 현재 중심적으로 살아가는 것도 진지님의 굉장히 큰 장점인 거 같아요. 진심으로. 그리고 그러한 장점이 현재 진지님이 일에서 어떠한 위치에 있을 수 있도록 한 동력이고, 일에 대한 능력을 만들어낸 굉장히 좋은 원동력이 된다고 생각해요. 또 하나는 진지한 부분이 굉장히 눈에 들어왔어요. 그러니까 제가 어떤 질문을 던지든 진지하게 생각해보시고 답변을 하시려는 그런 모습이 인상적이었거든요. 물론 저의 주관적인 경험이지만... 그런 부분들은 진지님이 지니신 굉장히 좋은 자원이지 않을까 생각됩니다. 어떻게 보면 또 진지하다보니까 근심이나 걱정 따라올 수도 있겠지만요.

김 : 네. 근데 페르소나라고 하잖아요. 가면 아닐까요?

전 : 가면, 뭐 그럴 수도 있죠. 나도 모르게 우리는 여러 가지로 가면을 쓰고 사는 것 같아요. 뭐 저도 그런 것 같아요. 뭐 상담사로서의 직업적인 역할을 할 때 쓰는 가면이 있는 것 같아요. 집에서는 또 다르고 하죠. 강의를 하거나 가르칠 때 약간 좀 다른 색깔을 띠는 모습이 있는 것 같기도 하구요. 공식적인 관계와 친구 만날 때는 또 다르죠. 어렸을 때 베프 만나면 또 다르구요. 가면을 많이 쓰면 되게 에너지가 많이 들기도 하더라고요. 저 같은 경우는 그래서 가급적 많이 안 써요. 그리고 시간이 갈수록 여러 가면을 쓰고 싶지

가 않기도 하구요. 그렇다고 사회적인 역할을 하는 이상 뭐 완전히 자유로울 수 있는 건 아닌 거 같지만 어떤 사회에 사는 사람으로서, 그곳에서 완전히 자유롭다면 우리는 뭐 자유인 같은 사람이 되겠죠? 결국에는 (가면을 쓰거나 쓰지 않는 것도) 내가 선택하는 거죠. 그렇지만 되게 많은 가면들을 갈아 끼우고 사는 사람들이 있죠. 어쨌든 진지님과의 상담에서 삶에 대한 진지한 태도를 느꼈는데, 그게 페르소나와의 연관이라... 글쎄요. 뭐 그럴 수도 있겠죠. 무의식적으로든 의식적으로든 진지님이 제게 보여주신 모습에서 뭔가, 어떤 이유인지는 모르겠지만 온전한 진실이 아닌 부분이 있을 수도 있겠죠. 우리는 사회적인 역할을 하는 이상 뭐 완전히 자유로울 수 있는 것 같지는 않아요. 제 생각은 그래요.

어쨌든 저는 진지님의 솔직하고 진실한 태도, 그런 것들은 굉장히 좋은 자원인 거 같아요. 어떻게 설명해야 될지는 모르겠는데... 뭐 여기가 경찰서는 아니니까. (웃음) 사실 여부를 파악할 길은 없지만 대체로 진지님이 말씀하신 것의 맥락이라던지 이런 부분은 다 일관성이 있는 거 같고, 중간중간 보여주셨던 그런 진지한 태도들이 저는 아주 긍정적으로 느껴졌던 것 같아요. 그리고 뭔가 일과 삶, 밸런스와 관련된 부분에서 지금처럼 사시면 되지 않을까 이런 생각도 해봤습니다. 너무 이게 전문성이 떨어진 답변 같아 보일 수도 있겠지만요. 그냥 지금처럼 지내시는 거로 충분한 듯합니다. 지금까지 해오셨던 것처럼 되게 성실하게 지내시는 거. 지금까지 진지님이 보여주신 장점들, 진짜 그런 것들을 잘 활용하며 지내시면 좋겠다는 생각이 들고요. 조금 더 바람은 진지님이 지닌 자원이나 강점에 더 집중하셨으면 좋겠다는 생각이 들어요. 문제점보다. 충분히 많은 좋은 점들을 보시고, 저와 같이 찾아봤던 강점에 더 집중하시고, 자신의 감정을 더 크게 보셨으면 해요. 이 방법이 진지님이 가진 걱정, 불쑥불쑥 찾아오는 근심을 좀 상쇄시킬 수 있는 방법일 수도 있겠다... 그런 생각이 들었어요.

김 : 네. 말씀하신 것처럼... 뭐 크게 바꿀 필요는 없겠다는 생각이 들긴 했어요. 그러니까 바꾸고자 할 것들, 그러니까 고민을 가지고 있기 때문에 오히려 제가 더 나아지는 것들이 사실 되게 많거든요.

전 : 네. 그럼요.

김 : 한번 고민하고 한번 실수하고 그러면서 '왜 그랬지?' 하면서 그 다음에 또 나아지고 그러더라구요. 그러기 때문에 '나쁘지만은 않구나.' 싶기도 하구요. 상담하면서 보니까, 그동안 제가 갖고 있는 자원과 장점에 대해서 찾아본 적이 거의 없었더라구요. 고민을 해본 적이 없어요.

전 : 지금까지 한 번도?

김 : 네. 남들한테 들은 것만 들었지. 저보고 스스로 '너는 그게 좋아. 너 그게 좋은 거 같아.' 이렇게 말해준 적이 없더라구요. 그러니까 제가 스스로 어떤 장점이 있을까 고민해본 적이 없었던 거죠. 상담하면서 그게 매우 좋았던 거 같아요.

전 : 네. 요즘은 회사에서 많이 하던데요. 디스크 검사도 하고 워크숍에서 여러 활동도 하는데... 그럴 기회가 많이 없었나봐요.

김 : 그런 검사는 잘 안 해봤던 거 같아요. 약간 주변에서 주는 피드백

들은 있었어요. 나 스스로만 알 수 있는 장점들, 느꼈던 것들... 그런 거를 찾아볼 일이 많이 없었어요.

전 : 그래요. 이쯤에서 우리가 이야기한 내용 중에서 상담 전에는 장점이라고 생각을 못 했었는데 지금쯤 새롭게 알게 된 사실이 있을까요?

김 : 네. 근데 제가 장점으로 뭐 어떤 걸 적었는지 말하려니 잘 기억이 안 나네요. 여덟 개 정도 말했던 거 같은데...

전 : 제가 읽어드릴까요? 아까 말씀드렸던 거긴 한데 '의욕적이다, 또 정답을 같이 찾으려고 한다, 관찰력이 좋다, 비판적이다, 그리고 어떤 안전지대에 머물러 있기보다는 뭔가 새로운 도전을 한다.' 뭐 그런 것들도 있었고요. 좀 편하게 세대 간의 어떤 경계를 떠나서 잘 융화한다, 관계적인 측면에 대해서 말씀해 주셨던 부분도 있고... 또 솔직하고, 그리고 아까 거랑 연결되는 거긴 한데 새로운 데 용기를 내서 개척하는 성향이 있다는 거, 이게 핵심이네요. 자, 기억이 좀 떠오르시죠? (상담 전에는 진지님 자신에 대해) 몰랐지만 알게 됐던 게 뭐 있으실까요?

김 : 저는 이 말 중에 가장 기억나는 게 '안전지대'.

전 : 아, 안전지대에 머물기보다 새로운 도전을 한다! 아, 그 점을 발견하셨군요! 좋습니다. 자, 이제 그럼 마지막으로 스스로 나에게 해 주고 싶은 말, 이걸 좀 얘기해 보고 싶어요. 그리고 이제 상담을 마쳐야죠.

김 : (나에게) 해주고 싶은 말이라... 나한테 해주고 싶은 말, 어렵네요. 되게...

전 : 어렵죠. 그래도 그동안 자신에 대한 탐색도 어느 정도 됐고 미래도 생각해볼 수 있었고... 그런 여러 과정이 있었죠.

김 : 근데 그런 건 있을 거 같아요. '약간, 지금은 네가 힘들 때가 있고, 힘든 게 있어도 몇 년 지나면 더 성장할 수 있을거야. 가끔 지금은 머리가 아프고 그럴지라도.' (우물쭈물)

전 : 네. 지금은 네가 힘든 시기지만 시간이 지나면 성장할 것이다.

김 : 네. 이게 꼭 힘든 시기까지는 아니더라도...

전 : 네.

김 : 그냥 제가 고민하는 거 있잖아요. 지금 머리 아프고 고민하고 있고 그것 때문에 되게 힘들어 하는데... 그럴 때마다 그냥 안전지대에서 벗어나고 있는 거고, 거기에 더 익숙해지면 더 나아지고 있다는 거고...

전 : 네. 그럼 조금 문장을 정리해 볼까요? 정리해서 그 문장을 한번 말씀해 주실래요?

김 : 문장을요? 네. 이렇게요? '내가 하고 있는 고민이 지금은 고민이지만은 나중엔 자원이 될 거야. 지금은 시련으로 힘들게 다가오지만 나중에는 자원으로 바뀔거야.'

전 : '지금은 힘들게 다가오지만 나중에는 자원이 될 것이다.' 그래요.

스스로 진지님의 이름 불러준 적 있으실까요?

김 : 아니요. 없어요. 제 이름을 부를 일이 없어요.

전 : 맞아요. 일상적인 일은 아니죠 그래도 오늘은 진지님 이름을 한번 불러볼까요? 가끔 엄마들보면요. 누구 엄마라고 오래 불리다 보니까 '엄마'라는 이름 때문에 본인의 이름을 오랫동안 잊어버리고 살잖아요. 자기 이름을 부르는 게 약간 오글거리긴 할 수는 있는데, 그래도 '진지야!' 이렇게 불러줘봅시다. '지금 내가 하고 있는 고민이 지금은 힘들게 다가오지만 나중에는 자원이 될 거야.' 문장에 이름을 한번 넣어서 말씀해주시면 좋을 거 같아요.

김 : 오그라들긴 하네요.

전 : 그렇죠. 이게 쉽지 않아요. 쉽지 않은데 이게 또 이럴 때만 할 수 있는 거예요. 자, 그럼 문장을 한번 만들어 볼까요? 일단 이름을 한번 불러줘 볼까요?

김 : 오그라드네요.

전 : 그래도 이럴 때만 할 수 있는 거니까요? 용기를 내서.

김 : 이거 은근히 되게 쑥스럽네요.

전 : 진지. 한자 이름이죠? 무슨 진, 무슨 지인가요?

김 : 참 진(眞), 잡을 지(摯). 말이나 태도가 참답고 착실하다는 의미의 이름이에요.

전 : 참, 특이하고 잘 어울리는 이름 같아요. 네. 그럼 진지님 이름 부르며 아까 만들었던 문장 이어서 한 번 해보실까요?

김 : 오그라들지만, 네.

전 : 네.

김 : "진지야. 아마도 몇십 년 만에 불러본 진지야. 네가 지금 하고 있는 고민은 당장은 힘들겠지만 나중에는 너에게 자원이 될 거야." 불러볼 일도 없고 부를 일도 없어 가지고... 좀 민망해요.

전 : 맞아요. 뭔가 쑥스럽기도 하고 그렇죠. 그래도 아주 잘 하셨어요. 진지님 이름 또 언제 불러볼까요? 진지. 자신의 이름 직접 불러보니까 어때요?

김 : 잘 모르겠네요. 제 이름 아닌 것 같기도 해요.

전 : 익숙하지 않죠?

김 : 남한테 소개할 때나 말하지. 스스로 나한테 말하려고 제 이름을 쓰는 경우는 별로 없잖아요.

전 : 그래요. 뭐 김진지입니다. 그럴 때 소개할 때 보통 하죠. 하지만 이제 뭐 가끔씩 나한테 말도 걸어주고 하면 어떨까 싶어요. 지금 하고 있는 고민이 지금 뭐 힘들게 다가올 때도 있지만 나중에는 자원이 될 거야. 메시지처럼 응원해주는 말이기도 하고 굉장히 힘을 실어주는 문장이잖아요. 저는 이런 말들이 되게 중요한 거 같아요. 저도 스스로 그렇게 자주 하진 못하는데. 제가 아는 한 선배님은

컴퓨터 모니터 아래 자신이 스스로에게 해주고 싶은 말을 한 문장으로 딱 써서 붙여 놓으신 분도 계시더라구요. 뭐 어떤 식으로든지 나에게 자주 얘기를 해주면 좋은 것 같아요. 응원의 메시지! 뭔가 타인들이 위로해 주는 건 좀 한계가 있는 것 같구요. 그냥 제 생각입니다. 진짜 자신의 감정을 자기 스스로 아주 정직하게 만난다면... 뭐랄까 마음이 참 위로가 되고 좋을 때도 종종 있는 거 같거든요.

김 : 네. 저도 고민이 있을 때 한 번쯤 곱씹을 것 같아요. 문장 그대로는 아니어두요. 이게 나중에는 도움이 될 거 같아요.

전 : 나중에 진지님이 나만의 연극 무대, 인생에서 정점을 찍을 날이 올 거 같은데요. 그랬을 때 뭔가 기억에 남는 추억이 될 수도 있을 거 같아요. 진지님이 자신의 이름을 불러준 지금 이 시간이 또 떠오르셨으면 좋겠다 이런 생각도 문득 듭니다. 아주 짧은 시간이었지만 굉장히 열심히 자기 탐색을 해주시고, 또 뭔가 여기 상담에 신청하셨다는 것 자체가 진지님 자신에 대한 관심이 되게 많다는 증거인 것 같아요.

김 : 그런가요?

전 : 그럼요. 이게 관심이 없으신 분은 안 하잖아요. 그래서 이 자체도 진지님 자신에 대한 관심이 있다는 것이구요. 그건 곧 진지님이 자발적인 성향이 있다는 것 같기도 합니다. 아까 말씀하셨다시피 풀리지 않은 문제들 여전히 부담을 갖고 가는 것들. 지금까지 경험이 모두 진지님의 현재 모습인 것 같습니다. 그리고 이 현재 모습이

계속 미래로 이어질 것 같아요. 그래서 뭐 좋고 나쁘고 이런 평가보다는 아까 진지님이 스스로에게 이야기해줬던 문장처럼 그냥 가끔 자신에게 말도 걸어주시고. 너무 피곤하다 싶으면 잠깐이라도 쉬어 가시면 좋겠습니다. 쉴 수가 없는 상황이라면 애썼다고 말도 좀 건네주기도 하고 그러면 좋겠습니다. 진지님 마음에 자꾸 말을 걸어주고 좀 돌보는 것들이 과거보다는 조금 더 자주 있으면 좋겠다는 생각도 해봅니다. 그래야 원동력을 얻고 진지님이 하시는 일에서 더 좀 파워 있게 앞으로 나아갈 수 있는 그런 계기가 될 수 있지 않을까 싶거든요.

김 : 네. 그런 것도 좀 습관화되면 좋을 거 같아요. 근데 혼자 살다 보니까 스스로 아니면 뭔가 그런 얘기 할 수 있는 사람이 없는 거 같기도 하고...

전 : 네. 맞아요. 제가 아는 한 분은 워낙에 좀 표현이 좋으신 분이라서 그런지 몰라도... 자기 전에 하루종일 애쓴 발을 돌보더라구요. 발을 씻겨주면서 많은 말을 해주는 거예요. 그때 얘기들을 때 저는 약간 '오버 아니야?' 이런 생각이 들기도 했는데요. 자기만의 방식으로 자신에게 말을 건네주는 건 자기를 돌보는 참 좋은 일이 될 수 있는 거 같아요.

김 : 네. 되게 좋은 시간이었던 거 같아요. 그동안은 일만 했거든요.

전 : 네, 그러니까요. 일에 완전 몰입하신거죠. 또 일하시면서 뭐 기회가 되시면, 뭐 이런 상담이 아니더라도 여러 자기 탐색의 기회를 또 찾아보시는 그런 장들을 또 가지시면 좋을 것 같아요. 괜찮으셨죠?

김 : 네. 저는 좋았어요.

전 : 네. 그럼 건강하게 잘 지내시고요. 또 기회가 되면 좋은 인연으로
    뵐 수 있으면 좋을 것 같아요. 열심히 참여해 주셔서 감사하고요.
    건강하게 지내시면 좋겠습니다.

두 번째 김씨 이야기

"왜 그렇게 완벽하려고 해요?"

김완벽, 28세, 남, 앱 개발자

저는 올해 28세 김완벽입니다. 요즘 살이 쪄서 고민이에요. 요가랑 필라테스 열심히 하고 있습니다. 체력이 떨어지면 일하기 힘들죠. 미국에서 부모님과 동거 중이에요. 누나는 뇌과학 전공으로 대학원 다니고 있어요. 집안이 학구열이 높나 봐요. 아버지는 물리학 박사이시고, 어머니는 피아노 레슨하세요. 프리랜서로요.

저는 미국 LA본사 최고 통통회사(가명) 다니고 있습니다. 출장으로 석달 한국에 일이 있어 잠깐 나왔어요. 일하는 거 좋아해요. 너무 재밌죠. 개발하고 뭐 생각하고, 창의적으로 만들고 그런 거 다 좋습니다. 가끔 애들이랑 콘서트도 가고, 영화 보고 농구 즐겨요. 근데 코로나 터지고 잘 못 돌아다녔네요. 비대면 서비스 관련된 앱 개발 주로 하는데요, 뭐 일 스타일상 오래 앉아있어야 돼요. 그래서 더 사람을 못 만나는 것도 있는 거 같구요. 사람이 에너지가 한계가 있나봐요. 제 주변은 아주 정리정돈이 안 됩니다.

일에서만 꼼꼼한 편이에요. 창피하지만 길치이구요. 어쨌든 저한테는 별로 그런 거 안 중요합니다. 인생 한번 사는데 제 일에서 정점 한번 찍어보고 싶습니다.

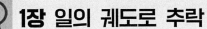

김 : 안녕하세요.

전 : 안녕하세요. 김완벽님, 맞으시죠?

김 : 네. 맞습니다.

전 : 네. 어떤 일 하세요?

김 : 저는 미국 최고 통통회사에서 앱 개발자로 일하고 있습니다.

전 : 앱 개발자.

김 : 네. 맞습니다. 잠깐 출장차 한국에 나왔어요. 한 석달 정도 있을 거 같습니다. 미국 LA본사에서 일하고 있습니다.

전 : 이전에 상담 받으신 적 혹시 있으세요?

김 : 저는 한 번도 없어요. 처음입니다.

전 : 잘은 모르겠지만, 이런 앱 개발쪽은 공학 베이스로 정답이 상담과 달리 명료하게 떨어지는 부분도 있을 거 같아요.

김 : 네. 맞습니다. 일반적으로.

전 : 방금 검사해보신 문장완성검사, 이게 뭔가 싶으셨을 거 같기도 해

요. 빈칸에 자기말을 채워넣는 게 처음에는 좀 어색할 수 있거든요. 적어보시면서 어떠셨어요? 다면적인성검사(MMPI)도 문장이 좀 많았잖아요. 어려운 점이 있으셨을까요?

김 : 일단 점수로 나온 거는 계속 약간 비슷한 문제가 나와가지고 뭔가 했네요.

전 : 그렇죠? 잘 파악하셨네요. 일관성 때문에 의도적으로 유사한 문항도 있거든요.

김 : 그렇구나. 평소에 생각 안 했던 것들이 많이 있더라구요.

전 : 네. 그렇죠. 조금 어색하기도 하시고 이게 뭘까 싶기도 하셨죠? 좀 난감한 것도 있고 하셨을 텐데 일단 제가 평가결과 좀 살펴봤어요. 오늘은 첫 시간이니까 심리평가 결과에 대해 얘기 좀 같이 하고요. 편하게 여러 가지 얘기 해봅시다. 일단 평가 결과에서 눈에 띄는 건 사회적인 책임감이 좀 높게 나온 것 같아요.

김 : 그렇군요.

전 : 책임감과 관련하여 생각해볼 때 어때요? 그러니까 일상생활하실 때요.

김 : 저는 좀 그러니까 회사에서 일할 때 오너십을 가지고 일할 수 있다는 걸 느낄 때 에너지가 많이 나오는 스타일인 거 같아요. 그런 이유 때문에 높게 나왔을 것 같기도 하고요. 평소에 사회 문제에 관심을 많이 가지려고 노력해서 그럴 수도 있을 것도 같아요. 뭐 제가 노력한다고 해서 잘 하는 건 아니지만요.

전 : 아, 사회 문제에도 관심이 많으시군요.

김 : 네.

전 : 그리고 뭔가 주체적인 위치에서 실력 발휘가 잘되시는 그런 성향도 좀 있으실 거 같아요. 어떠세요?

김 : 네. 그런 것 같아요.

전 : 요즘은 전반적으로 어떤 일상을 보내시는 편이세요?

김 : 최근에 저는 좀 힘들긴 했어요. 그러니까 코로나 때문에... 이제 좀 뭐라 그러죠? 삶의 다양성이라고 해야 될까요? 그런 게 상대적으로 줄어 들어가지고. 흔히 말하는 코로나 블루 뭐 이런 게 온 것 같기도 했었어요. 취미가 이제 뭐 콘서트나 페스티벌 다니는 거, 그리고 영화 보는 거 아니면 가끔 농구하는 거였거든요. 근데 코로나로 인해서 세 가지가 모두 타격을 받은 거죠. 그러다 보니까 이제 집에 있는 시간이 길어지고... 다양성이 낮아지니까 저도 모르게 좀 뭐라 그럴까... 멘탈의 회복 탄력성이 높은 사람이라고 평소에 생각하고 있었는데 어느새 약간 일에 매몰되고 맨날 집에 있는 무기력한 저를 발견했었거든요. 그래서 한때 힘들었어요. 근데 최근에 거리두기가 해제되고 밖으로 좀 나가니까 회복되는 느낌이 좀 있는 것 같아요.

전 : 완벽님 성격이 외향적인 편이에요?

김 : 흔히 말하는 MBTI 검사로 보면 거의 반반이더라구요. 그래서 저는 나름대로는 선택적으로 필요에 따라 외향이기도 하고 내향이기도 해요.

전 : 그러고보니 문장완성검사(SCT)의 행복이란 무엇이냐는 질문에 <다이내믹한 일상>이라는 문구를 적으셨어요. 그러니까 좀 멀티로 여러 자극이 들어와야 삶의 활력이 느껴지는 거 같아요. 기질적으로 뭔가 자극 추구가 높으신 분들은 한 번에 여러 가지 자극이 들어와야 즐거운 사람들이거든요. 근데 아무래도 코로나 블루가 어떤 다양성을 추구하는 사람들에게 조금 방해 요소가 되는 건 맞는 것 같아요. 그리고 문장 중에서 '무언가를 기여한 사람으로 기억되면 좋겠다.'라는 문장이 인상적이었어요. 그래서 어떤 부분에 대한 기여를 말씀하시는 건지 궁금해졌어요. 사회적인 기여라면 무엇일까요?

김 : 제가 지금 개발자로 일하게 된 이유라고 해야 될까요? 그런 거랑 좀 연결될 수도 있어요. 저는 제가 잘 알고 있는 기술을 이용해서 세상에 뭔가를 가져다 주고 싶은 그런 마음이 있거든요. 말하다보니 약간 오그라들긴 하네요. 근데 그거를 제일 쉽게 할 수 있고 좀 빨리 할 수 있는 방법이 그거거든요. 이 일에 너무 매력을 느껴서 지금 이렇게 일을 하고 있는 것이고, 그런 느낌 때문에 잘하는 거 같기도 하구요. 그런 거를 생각할 때 좋더라고요. 음, 제가 미국 회사 처음 생길 때 들어가서 그때 만든 프로그램이 있거든요. 그걸 활용해서 노인들이 편하게 앱을 사용하는 걸 보면 너무 좋은 거죠. 노인들이 그 앱을 통해 자신이 쓰지 않는 물건을 팔 수도 있고 또 중고품을 살 수도 있거든요. 어떤 노인은 장애인인데요. 오프라인으로 쇼핑하기 번거롭잖아요. 이사 가셔서 식탁이랑 서랍장 같은 걸 그 앱을 통해 많이 샀나봐요. 아주 마음에 들어하시구요, 뭔가 뿌듯하죠. 누군가에게 뭔가 임팩트를 주고 싶다?!

전 : 그러니까 뭔가 사람들이 좀 편리하게 쓰고 일상생활에 도움도 되면 뿌듯하신 거네요. 사람들의 일상을 편리하게 해주는 거에 관심이 있군요.

김 : 네네. 맞아요. 맞는 것 같아요.

전 : (심리평가지를 보며) 좀 꼼꼼하세요? 일하실 때 좀 뭐라고 하죠? 끝까지 찾아내고 뭐 그런 성향이랄까. 꼼꼼한 걸 넘어서서 조금 집착이라고 그래야 되나? 어쩌면 그럴 수도 있을 것 같아서요. 이 부분은 좀 어떤가요?

김 : 좀 있어요. 특히 일할 때 좀 심한 것 같아요. 예를 들면 제가 지금 개발 중에서도 데이터 쪽 보는 쪽에 있거든요. 이쪽은 좀 엉덩이를 차분하게 오래 붙이고 앉아있어야 돼요. 그런 데이터를 계속 더블 체크하고 트리플 체크하고 그래야 되는 일들이 되게 많거든요. 좀 그런 게 잘 맞는다고 느꼈어요. 일 처음 시작했을 때는 한번 집중해서 뭔가에 들어가면 거기서 빠져나오는 데 되게 힘들었어요. 그러니까 지금도 그건 제가 잘 못하는 부분이긴 한데 아까 말씀하신 완벽이랑 조금 또 다른 결이 있는 얘기일 수도 있어요. 뭐 시작하면 점심시간에도 계속 그걸 생각하고 있고 뭐 나갔다 와서도 생각하고 있고, 저녁을 먹을 시간이 됐는데도 계속 그것만 생각하고 있는 거에요. 그거를 좀 끊는 게 되게 어렵죠. 좀 그런 성격이 있어요. 일의 궤도에서 못 빠져나온다고 할까요? 일할 때 좀 디테일을 되게 신경 쓰는 편이에요. 그런 게 잘 챙겨지지 않았을 때 스트레스 많이 받는 것 같아요.

전 : 그건 원래 어렸을 때부터 성격이 그랬던 것 같아요? 아니면 좀 커 나가면서 이런 일을 해야 되니까 학습된 것들이 많은 걸까요?

김 : 저는 둘 다인 것 같은데 굳이 따지자면 좀 예전부터 그런 부분이 있었던 것 같아요. 이게 뭐라고 그래야 될까... 인간에게 어떻게 보면 꼼꼼함이 총량이 좀 있나 봐요. 그래서 저는 좀 일상에서는 되게 무질서하거든요. 예를 들어 제 책상을 보면 막 물건이 엄청 어질러져 있고, 차도 거의 노숙자 수준이에요. 사람들이 미쳤다고 하는데요. 근데 저는 거의 신경쓰지 못해요. 일만해도 벅차기 때문에. 하여튼 이렇게 좀 무질서한데... 저는 미국에서 부모님이랑 같이 살고 있어요. 부모님이 방이 너무 더럽다고 하시면 저는 이게 더러운 게 아니고 정리가 안 된 거라고 말씀드리죠. 평소에 친구들이랑 놀 때 '긴완벽은 좀 덜렁거리고 길도 잘 못 찾고 허술하다.' 이런 얘기를 해요. 일할 때만 엄청 민감하거든요. 그런 디테일을 일에 너무 쏟다 보니 일상에서 좀 빠지는 게 아닌가 싶기도 하고요.

전 : 네. 그렇군요. 그런 분들 주변에서 종종 보는 거 같아요. 그러면 그런 패턴이 일상에서 좀 불편하거나 고치고 싶다든가, 혹은 조금 변화시키고 싶은 부분이 있을까요?

김 : 네. 저는 일단 아까 말씀드렸다시피 (하나의 일에) 집중을 너무 하는 거. 그거는 모든 게 다 그렇지만 양날의 검이 맞더라고요. 당연히 일할 때 집중하는 건 좋은데 밸런스를 잘 맞춰야 하더라구요. 그걸 잘 못하니까. 지금도 아직 연습하고 있는 단계인 것 같지만, 마음처럼 잘 안되긴 하더라고요. 또 아까 말씀하신 그런 꼼꼼함이나 완

벽주의 측면에서요. 제 나이가 28살이거든요. 근데 일을 일찍 시작해서 올해 8년차가 되거든요. 대학 다니면서 일을 했어요.

전 : 일찍 시작하시고 꽤 오래 하셨네요.

김 : 네. 그러다 보니 미국 사회에서 피해갈 수 없는 매니지먼트 때가 온 거죠. 회사에서 그런 거를 저한테 요구하기도 했었구요. 내년쯤 했음 좋겠다구요. 완벽주의 성향이기 때문에 디테일한 것까지 챙기려는 그런 습성이 필요하기도 한데 어떤 면에서는 적절하게 위임과 책임, 자율성을 누군가에게 넘겨야 될 건데... 그 성격 때문에 그걸 잘 못 하는 거죠. '내가 하면 며칠이면 하겠다.', '더 잘할 수 있을건데...' 이런 마음이 한쪽 구석에 계속 있으니까 이거 참 떨쳐내기가 쉽지 않다랄까요. 평소에 혼자 일하거나 주도적으로 일할 때는 도움이 많이 됐는데 이럴 때는 좀 오히려 독이 될 수도 있겠다고 깨달아지거든요.

전 : 그러면, 그런 상황에서 주변 사람들이 불편하게 느낄 때가 있어요? 좀 고치라고 피드백을 주거나 그런 것들이 좀 있는지 궁금해요.

김 : 제가 예전 직장에서 그런 걸 시도했던 때가 있었거든요. 그때 초기 피드백 받았던 게 있었어요. 그러니까 좀 더 사람들을 믿고 위임을 잘해야 한다. 근데 좀 연습을 하다 보니까 이게 뭐라고 해야 하나... 겉으로는 그게 돼요. 그러니까 겉으로는 그런 모습을 보여주는 게 되는데 속으로는 답답한 거죠. 답답함이 계속 남아있고 은연중에 그런 게 드러날 수도 있죠. 저는 제 표정을 볼 수 없지만 스스로 아차 했던 순간들도 좀 있고 그랬어요. 직접적인 피드백은 아니어도 제 스스로 깨달은 점들이 있죠.

전 : 현재 시점은 어때요? 그 부분을 스스로 평가하실 때 말입니다. 그래도 뭐 괜찮은 편일까요, 아니면 좀 많이 고쳐야 된다고 보세요?

김 : 완벽주의 성향 측면에서는 사실, 애매모호한 상황은 많이 발생하지 않는 것 같아요. 근데 같이 일하는 동료들이 있잖아요. 그러면 이제 각자가 맡은 일이 있으니까 진행을 하고 피어 리뷰 같은 것들을 할 때 좀 그런 답답함이 있죠. '내가 했으면 뭔가 이런 것들을 더 잘 챙겼을 수 있었을 텐데...' 뭐라 그래야 될까요? 좀 돌려서 그분들이 더 잘 챙길 수 있는 방향으로 얘기하는 방법을 요즘 좀 배우는 것 같아요. 처음에는 '이거 별로에요. 왜 이렇게 했어요?' 이렇게 말했거든요. 근데 그런 말은 좀 안 좋더라구요. 그런 걸 좀 배우게 되는 거 같아요.

전 : 어떻게 배우게 되셨어요? 스스로 필요하다고 생각을 하셔서 배우게 되신 걸까요? 보통 시행착오를 거치게 되잖아요.

김 : 두 가지인 것 같아요. 그러니까 말씀하신 시행착오도 있고. 또 그런 것들을 잘하는 사람을 보고 약간 따라가려고 하는 부분이 있었던 것 같아요. 사례를 관찰했다고 할까요? 몇 번 따라하다 보니까 그게 좀 체화가 되는 느낌이 들더라구요.

전 : 그렇군요. 어떻게 보면 되게 습득력이 좋고 수용적으로 받아들이셨네요. 일부, 그렇죠?

김 : 그렇죠. 항상 그런 거를 좀 되게 갈구했던 것 같아요. 그러니까 이게 좀 사회적 특징일 수 있는데 남한테 싫은 소리를 잘 못하잖아요. 오히려 회사에서 동료들이 직접적으로 제게 무엇을 고치라고

전달해주면 좋겠는데… 그렇지 못하더라구요. 항상 뭐 이러이러한 부분은 잘한다, 좋다고 해주셨어요. 이러이러한 부분이 개선됐으면 좋겠다는 걸 다들 별로 안 써주시는 거예요. 저는 그런 것들이 있어야 제가 고치고 성장해 나갈 수 있다고 생각했거든요. 근데 제가 기대했던 것보다 잘 안 써주시니까 좀 그렇더라구요.

전 : 성장하고 싶은 욕구가 높아 보여요.

김 : 그렇죠.

전 : 어떻게 보면 커리어에서 뭐라고 할까요? 문장완성 어디에 쓰셨던 데… 좀 정점을 찍을 수 있는 자리에 올라가야 직성이 풀릴 것 같기도 해요.

김 : 맞아요. 그게 좀 오글거리긴 하는데… 피라미드 끝까지 가고 싶어요. 아직 (정점 찍으려면) 한참 멀었죠.

전 : 일단 정점을 찍고 싶은 어떤 목표 의식이 느껴지는 거 같고. 또 다른 문장에서는 건강에 관한 걱정 같은 게 좀 있어 보여요.

김 : 네. 저 있어요.

전 : (신체적으로) 어디 편찮으신 데 있으세요?

김 : 그렇지는 않고. 이것도 코로나의 영향이 좀 있는데 바깥으로 잘 안 나가고 회사도 안 나가고 뭐 놀러도 안 다니고 이러다 보니까. 너무 집에만 있거나 누워 있는 생활이 많아지다 보니까 안좋더라구요. 어느 날 아침에 일어났는데 근육이 녹아내린 느낌이 들어 가지

고. 그때 요가를 딱 등록하고 요즘은 열심히 요가를 하고 있어요. 필라테스도 가끔 하구요. 제가 몸이 어렸을 때부터 뚱뚱해가지고 체력이 생각보다 안 받쳐주는 거예요. 지방이 많죠. 그러니까 뭔가를 계속 꾸준히 하고 싶은데 체력이 좀 아쉬울 때가 많죠.

전 : 맞아요. 컨디션이 안 받쳐주면 일 많이 하시는 분들은 힘들고 화도 나고 그렇죠. 맘대로 안되면.

김 : 가끔씩은 밤을 새도 지치지 않는 체력 그런 걸 받쳐주는 약이 있음 좋겠어요. 욕심이겠죠? (웃음)

전 : 네. 맞아요. 그런 약이 있으면 저도 좋겠어요. (웃음) 그러니까 굉장히 어떤 성취나 기여, 이런 데 삶의 가치를 두시는거고. 굉장히 자신의 일에 대해서 애착이 있는 것처럼 느껴지거든요.

김 : 맞아요.

전 : 그렇게 열심히 일하시는 이유가 있을까요?

김 : 잘 모르겠어요. 저도 왜 그런지?

전 : 왜 그럴까요? 어렸을 때부터 성실하게 매사 모범생 스타일로 살아오셨을까요? 습관이 됐을 수도 있고 어떤 것 같아요? 그렇게 열심히 일하는 이유는 뭘까 궁금해집니다.

김 : 음, 그보단 어디 문장검사에도 썼긴 한데요. 인간은 종교를 떠나서 언젠가 죽게 되잖아요. 죽으면 어떻게 될지는 모르지만. 불의의 사고를 당해서 내일 죽을지도 모르니까, 저는 좀 '후회 없이 열심히

살아야 된다.'라는 생각이 있는 것 같아요. 별로 열심히 안 사는 사람 보면, '왜 저렇지?' 약간 이런 생각이 들 때도 있어요. '저 사람의 삶의 목표는 뭘까, 삶의 가치관은 뭘까?' 제 입으로 말하면 좀 부끄럽긴 하지만 저희 아버지가 물리학 박사이시고, 그래서인지 어렸을 때부터 치열하게 일하는 걸 좀 당연하게 여겼던 거 같아요. 엄마는 나름대로 아버지 따라 유학오셔서 학위과정으로 공부는 못했지만 아카데미 코스로 피아노 배워 열정적으로 레슨하고 계시거든요. 나름 자부심을 갖고 계세요.

전 : 그렇군요.

김 : 그런 코스가 좀 당연했던 거죠. 누나도 지금 미국에서 대학원 재학 중이에요. 뇌과학이 재밌나봐요. 그거 공부하고 있어요. 그런 집안 환경이 제 삶의 가치에 여러 영향을 미친 것 같아요.

전 : 그렇군요. 집안의 환경도 있고 그렇죠? 또 내재된 어떤 자신만의 신념도 있을 거고... 사람은 자신이 매번 자주 접하는 사람들이 누군지가 중요하잖아요.

김 : 맞아요. 그리고 제 주변에 잘나가는 사람들이 너무 많아요. 뭐 미국에서 자수성가를 하신 분들이나, 고생해서 돈을 무진장 버신 분이나, 돈은 별로 없어도 무슨 책을 써서 상을 받았다든가, 주변에 여러 분야에서 뛰어난 사람들을 보게 돼요. 그럼 저도 그렇게 되고 싶죠.

전 : 그러니까 완벽씨 목표치가 높은 건 어떻게 보면 자연스러운 일이 될 수도 있네요. 그렇죠? 근데 또 세상은 다 그런 사람들만 있는

건 아니더라고요.

김 : 네. 맞아요.

전 : 모두가 다 성실한 것도 아니고. 그냥 오늘 하루 살고 끝날 것처럼 사는 사람들도 있잖아요.

김 : 맞아요.

전 : 아무 목표도 없는 사람도 있고 굉장히 다양한데 어떻게 보면 완벽씨가 경험한 가족들, 주변 사람들은 굉장히 좀 학구열이 높고 열심히 사는 특징을 가진 사람들인 것 같기도 해요. 어쨌든 심리평가한 내용과 관련하여 좀 얘기를 나눠봤는데요. 앞으로 우리가 몇 차례 만날 텐데 뭘 얻어가면 완벽씨한테 도움이 될 것 같아요?

김 : 너무 어려운 질문인데요? (웃음)

전 : 그렇죠? 뭔가 바쁘신 시간에 참여를 하시는 거고, 그렇다 보니 많은 문제들을 푸시고 고민을 하시고 할텐데. 그래도 뭔가 이 시간을 통해 변화되고 싶은 부분이 있으신지도 궁금하고요. 그리고 상담사가 거울의 역할을 해준다면 어떤 부분을 좀 시도해 보고 싶으신지, 아니면 큰 목표는 아니어도 완벽씨가 그간에 말 못했던 부분에 대해서도 필요가 있다면 얘기해 보고 싶어요. 작고 큰 목표들.

김 : 네. 한두 가지 있을 것 같아요. 지금 딱 생각나는 거는 최근에 소위 말하는 번아웃이 좀 세게 왔어요. 그걸 회복하는 데 시간이 좀 많이 걸리더라고요. 근데 왜 그랬을까 생각해보면 당연히 아까 말씀드렸던 코로나가 취미생활이나 생활 전반에 영향을 준 거 같긴 해

요. 스트레스 분출구가 제한되다 보니까요. 근데 또 한편 제가 아까 말씀드렸던 여러 가지 습성들, 완벽주의 특성 때문인지 모르겠는데 좀 일에 매몰된다고 해야 될까요? 좀 그런 게 있더라고요. 요즘 테크업계 사람들 번아웃이 다들 너무 빈번하고 많이 온다는 얘기도 나오는 것 같은데... 모든 일이 그렇겠죠? 좀 그런 거를 방지할 수 있으면 당연히 좋겠고요. 아니면 유지할 수 있는 방법 정도? 어떻게 하면 감정 레벨이나 에너지 레벨을 좀 잘 회복할 수 있을까 그런 부분. 또 삶의 다양성에 대한 얘기를 했었는데 최근에 감명 깊게 봤었던 게 뭐냐면요, 보통 사람들이 자기소개할 때는 직업이나 학교 출신 얘기 많이 하잖아요. 근데 서양 사람들은 좀 다르다고 하더라고요. 나는 뭘 좋아하고 요즘 어디에 관심이 있고 이렇게 소개를 하더라고요. 제 외국인 친구들도 좀 그랬던 것 같아요. 그러면서 생각해보니 '내가 일하면 남는 게 뭘까?' 이런 데 요즘 꽂혔어요. 상담 방향이랑 관련이 있는지 모르겠는데 하여튼 제 요즘 키워드는 이 정도에요.

전 : 그렇군요. 만약 '지금 완벽씨는 누구예요?'라고 누군가 물어본다면, 어떤 사람이라고 소개할 수 있을 것 같아요?

김 : 어렵네요. 정작 저한테는 그런 질문 안 해봤는데...

전 : 음... 그럼 성격적인 특징이 어때요? 라고 물어보면 어떻게 소개할 것 같아요? 어렵나요? 아니면 '형용사 3개 정도로 (자신을) 소개해봅시다'라고 한다면 어떤 단어를 말할 것 같아요?

김 : 이거 원래 질문이 어려운 거 맞죠? (웃음)

전 : 아, 질문을 좀 쉽게 해야 되는데... 처음부터 어려운 질문 하면 안 되는데. 그러면 제가 먼저 해볼게요. '나는 누구냐?'라고 누가 묻는다면, '산만하다.', '또 한 번에 여러 가지를 해야 신나는 사람이다.' 완벽씨랑 비슷한 게 있어요. '몰입하면 잘 못 헤어나온다.' 이 정도 얘기할 수 있을 것 같아요.

김 : 오케이. 저는 집중력이 좋아요. 집중은 맞는 것 같고, 몰입하는 거 좋아하고, 그 다음에 또 경험하는 거 좋아해요. 새로운 거. 그 다음에 또 뭐가 있을까. 시험 보는 것보다 어렵군요. 너무 어렵네요. 정답이 없는 문제라서... (웃음)

전 : 제가 한 가지 말씀드릴게요. 잠깐 얘기해 봤지만 굉장히 표현이 명확하세요. 뭐라고 해야 할까? 무엇이 혼란스럽고 무엇이 아닌지 명확해요. 자신이 어떤 수준인지를 되게 정확히 아시는 것 같아요. 인지력이라고 해야할까요? 어떤 사람들은 자신의 욕구나 관심을 회피하면서 사는 것 같기도 하거든요.

김 : 아, 그렇군요.

전 : 네. 번아웃 얘기 잠깐 해볼까요. 번아웃이 안 오면 좋은데... 참 아쉽죠. 근데 번아웃이 일하는 사람들에게는 한 번씩은 찾아오는 것 같아요. 개인차는 있겠지만요. 예방할 수 있다면 좋지만 100% 예방은 안 되는 것 같고요. 제 생각에는 관리도 중요한 것 같은데요. 보통 이걸 위해 뭘 하세요? 좀 활력이 생기지 않거나 그럴 때 있잖아요. 뭐 다 하고 싶지도 않고 그럴 때 보통 어떻게 하세요?

김 : 저는 일단 잠을 많이 자는 것 같아요. 실제로 잠을 좀 충분히 자는

게 건강에 도움이 많이 되더라고요.

전 : 맞아요. 충분한 수면은 신체 회복에 좋다고 하잖아요.

김 : 근데 제가 잠도 자야 하고 세상만사 막 어떻게 돌아가는지 다 봐야 하거든요. 유튜브든 뭐든 다 제 눈으로 보는 게 재밌어요. 그러다 보니 하루 24시간도 너무 짧은 거죠. 그러다 보면 잠자는 시간이 늦어지기도 하고 그래요. 어떤 거에 몰입하다 보면 시간이 오래 가니까 저는 잠이 많이 부족하다는 생각이 들기도 하구요. 콘서트나 페스티벌 가는 걸로 스트레스를 많이 없애는 거 같아요. 돌이켜 보니까... 맨날 같이 다니는 초등학교 친구 한두 명이 있는데요. 그 친구들은 저보다 훨씬 심하거든요. 그 친구는 진짜 막 뭐라고 해야 될까 완전 노마드의 삶을 사는 걸 좋아해요. 정말 친한 친구는 둘 중 한 명인데 그 친구도 코로나 터지고 나서 좀 많이 힘들어하는 게 보여요. 콘서트 장르도 좀 다양한 편이에요. 통기타부터 7080, BTS까지. BTS 콘서트는 아직 못 가봤어요. 꼭 가야죠!

전 : 완벽씨가 에너지를 얻는 방식 같아요. 콘서트나 페스티벌 이런 데 가는 게 중요한 일상이군요.

김 : 그렇죠. 저는 미국에 있다 보니 콘서트를 해외로도 많이 다녔구요. 가끔 여행삼아 혼자 갈 때도 있구요.

전 : 그 정도면 거의 뭐 마니아 수준 아니에요? (웃음)

김 : 그렇죠. 어떤 면에서는 제가 약간 분출구로 삼았구나. 이런 거를 깨닫게 된 거 같아요.

전 : 아, 그런 성향인데 코로나 터지고 못 돌아다니니까 얼마나 스트레스 받으셨겠어요. 그렇죠? 지금은 오픈돼서 좀 갈 수도 있겠네요.

김 : 올해는 좀 기대하고 있습니다.

전 : 다행이에요. 그러면 그거 말고 좀 뭐랄까. 콘서트는 비용도 많이 들고 시간도 써야 되고 휴가도 내야 되고 그런 편이잖아요. 그거 말고 좀 일상에서, 그러니까 번아웃을 예방하기 위해 완벽씨가 직장을 다니면서 할 수 있는 것들은 혹시 없을까요?

김 : 아, 있어요. 제가 코로나 터지고 고양이 두 마리를 데려왔어요. 너무 귀여운 거에요. 강아지, 귀뚜라미, 햄스터 다 키워봤는데 고양이는 처음이거든요. 한 마리는 수컷이고 한 마리는 암컷이에요. 의도적으로 일하다가 그 궤도에서 빠져나오려고 하죠. 일부러. 그때 고양이와 함께 좀 노는 편이에요.

전 : 너무 좋네요.

김 : 네. 고양이랑 노는 게 도움이 많이 됐던 것 같아요. 당연히 아파트 살다보니까 한계는 있구요. 또 고양이가 강아지만큼 데리고 다닐 수 없다보니까 주로 실내에서 놀거든요. 어쨌든 제가 고양이들한테 집중을 하다 보면 복잡한 생각이 좀 없어지고 그래요. 또 요가랑 필라테스 하고 있는데 개별로도 가끔 지도받거든요. 돈도 많이 들고 좀 과하다는 생각이 들기는 하는데 집단으로 하는거랑은 좀 다르더라구요. 명상도 좀 섞어서 해주시구요. 계속할 생각은 없고 배워서 셀프로 홈트로 연결시켜볼까 해요. 일단 지금은 혼자 하면 잡념이 계속 떠오르는데 트레이너랑 하면 그 트레이너가 저를 놔

주지 않기 때문에 좋더라구요.

전 : 좋은 방법이에요.

김 : 네. 어찌보면 좀 늦게 그런 방법들을 찾은 거죠. 코로나 끝날 때쯤이었으니까요. 그것도 뭔가 제가 다이내믹하게 다양성을 확보하는 방법 중 하나긴 했어요.

전 : 그러니까. 어떻게 보면은 굉장히 잘 찾는 편 같아요. 뭐라 할까. 어떤 면에선 아주 적극적인 것처럼 느껴져요. 일에 좀 매몰되셨다고 하는 부분도 있었지만, 어쨌든 어느 시점에 완벽씨가 고양이도 데려오고 요가도 하고 그런 부분들이 어떻게 보면 적극적인 행동이니까요. 그런 부분들로 뭔가 완벽씨가 조금 더 일상을 나은 방향으로 만들려고 하는 그런 모습 같아요.

김 : 네. 그런가요?

전 : 네. 아까 두 번째에서 '나는 누구인가?' 이 부분에 대해서, 앞으로 우리가 조금 깊이 있게 탐색을 한다고 하면 어떤 일이 벌어질 것 같아요? 나에 대해서 아는 걸 자기성찰이라고 하잖아요.

김 : 뭔가 그걸 통해서 기대하는 바가 명확해질 거 같아요. 소위 말하는 메타인지가 잘 되면 어떤 문제 상황이 왔을 때 나를 좀더 객관화할 수 있지 않을까 약간 이런 생각을 해봐요.

전 : 네. 잘 알고 계시네요.

김 : 네. 저를 스스로 객관화시켜 구덩이에서 끄집어 내는거죠.

전 : 음, 만약 그게 가능해지면 어떤 부분에서 도움이 될까요?

김 : 그러면 나를 계속 발전시킬 수 있지 않을까요?

전 : 네. 그러면 완벽씨가 생각하셨던 커리어의 정점. 그 정점을 찍으면 어떤 일이 벌어질까요? 세상이 완벽씨를 다 완벽하게 알아봐줍니다. 콘서트를 가든 해외여행을 가든 말입니다.

김 : 그러게요. 이게 당연히 사람들이 알아주는 영역일 수밖에 없긴 하겠네요.

전 : 만약 완벽씨만큼 더 우월한 사람이 세상에 없다?! 그래서 모두가 완벽씨를 찾고 부르고 해요. 더 바빠질 수도 있고 완벽씨가 원하는 대로 많은 것들을 사회에 기부도 하고, 완벽씨가 원하는 걸 다 이뤘습니다. 원하는 것들을 다 가진다면은 완벽씨는 어떠한 상태에 이르게 될까요?

김 : 지금 드는 좀 짧은 생각으로는... 그 단계에 가서도 뭔가 더 하고 싶은 게 있을 것 같아요. 마치 주식에서 내 마음속의 고점은 항상 최고점에 있듯이. 그 단계에 가서도 뭔가 할 일이 생길 것 같다는 생각이 들고 끝이 없다? 사람의 욕심은 끝이 없는 것처럼. 욕심이 끝이 없을 것 같고. 그런데 어느 정도 쌓이면 좀 그런 걸 하고 싶었어요. 이거 좀 약간 시혜적인 접근일 수도 있는데 후학 양성도 좀 하고 싶고 뭔가 사회에 기여도 하고 싶어요. 그게 돈이 될 수도 있고 아니면 제 능력이 될 수도 있겠죠.

전 : 네. 그렇군요. 저도 나중에 무엇이든 기부를 해보고 싶기도 합니다.

김 : 그런 거를 좀 해보고 싶다. 이 부분 다들 생각이 비슷한가 봐요. 그게 뭐 보고 배운 건지... 뉴스를 보면 종종 기부하는 사람들 멋있어 보이잖아요.

전 : 근데 또 다 그런 것 같지도 않아요. 그렇죠? (웃음) 자기만 아는 이기적인 사람도 있으니...

김 : 그렇긴 하죠. 저는 그런 거 좀 중요하다고 생각하는 것 같아요.

전 : 굉장히 짧은 시간이지만 완벽씨의 주된 특징적인 거라든지 대략 전반적으로 일상생활이 어떤지 조금 이해가 되고요. 앞으로 좀 더 깊이 얘기해보고 싶다는 생각이 들긴 해요. 지금 우리가 한 이야기에 대해서 그것이 어떤 의미가 있을 수 있는지, 무언가 이루었을 때 완벽씨가 어떤 모습일지도 상상도 됩니다. 또 어떤 단점을 좀 커버하고 뭔가 보다 발전이나 성장하기 위한 방법에 관해서도 같이 논의해보면 좋겠어요. 그리고 완벽씨가 어떤 것들에 좀 더 집중해야 되는지 이런 것들도 보면 좋을 것 같아요. 하고 싶은 게 너무 많으셔 가지고... 감정 정리나 이런 부분은 어떤지, 스트레스 받거나 일이 많거나 하면 어떻게 되는지, 또한 스스로의 기대치에 미치지 않으면 화도 나고 좋기도 하잖아요. 또 어떤 때는 정서적으로 좀 다이내믹한 정서를 경험하기도 할 텐데요. 어때요? 스스로 보실 때.

김 : 맞아요. 번아웃이 왔을 때는 되게 민감하게 반응하게 되긴 하더라고요. 그러니까 예를 들어서 뭔가 답답한 일이 생기거나 그런 것들이 왔을 때 역치가 좀 많이 낮아지고요. 최근에는 좀 많이 올라와서 다행이기도 해요. 감정조절 같은 걸 대체로 잘 못 하는 것 같아

요. 특히 뭘 못하냐면, 제 감정 상태를 밖으로 드러내거나 사람들한테 얘기하는 거 잘 못해요.

전 : 네.

김 : 예를 들면 '나 힘들어.' 이런 거 오글거려서 잘 못하는 것 같아요. 확실히 못해요.

전 : 못 하시는 거에요, 안 하시는 거예요?

김 : 둘 다 맞는 것 같아요. 어떻게 보면 의도적으로 감정 상태를 많이 얘기하려고 안 하는 것 같고요. 모르겠어요. 그러니까 왜 그런지, 기저에 있는 제 마음을 정확히는 잘 모르겠어요. 예를 들면 회사에서 일이 너무 많아 죽을 거 같을 때 힘들다고 안 해요. 연애할 때도 사랑한다는 표현 거의 없구요. 집에서도 그러네요. 부모님께 누나에게. 굳이 가족끼리 표현해야 되나 싶구요.

전 : 좀 이성적이고 합리적인 사람 같이 느껴져요. 객관성을 추구하는 것처럼 느껴지거든요. 조금 과도하게.

김 : 네. 제 의도가 됐든 아니든 제가 그런 성격을 가지고 있는 게 맞아요. 분명 맞다고 생각해요.

전 : 그러면 감정 표현을 잘 안 하면 어떻게 되죠? (감정 표현) 안 하고도 잘들 지내긴 하잖아요. 그렇죠?

김 : 네. 저도 그것 때문에 막 너무 우울해진다든지 그런 경험은 거의 없었던 것 같아요. 내가 너무 마음이 상해서, 또는 좌절을 해서 안

좋은 기분은 좀 일시적이었던 거 같아요. 그런 영향이 당연히 없을 수는 없는데 그런 감정들이 엄청 길게 지속되지 않더라고요. 제가 나름대로 회복 탄력성이 높아서 그런지도 모르겠어요. 그런 상황을 겪으면 '좀 어떻게 해보자!'라고 뭔가 해결 방법들을 생각했던 것 같아요.

전 : 어떻게 가능한 거죠? 크게 문제로 인식하지도 않고 그냥 별로 불편한 것도 느끼지 못하고 잘 지내시는 것 같거든요. 그렇게 좀 괜찮게 일상을 보낼 수 있는 이유랄까요? 아까 말씀하신 회복 탄력성이 하나의 요인이 될 수 있구요.

김 : 네. 근데 좀 그렇네요. 말씀하신 회복 탄력성 영향도 있는 것 같고. 그리고 좀 어떻게 보면 회피일 수도 있구요. 어떻게 보면 돌파구일 수도 있는 거 같아요. 그런 상황이 왔을 때 좀 의도적으로 내가 집중할 수 있는 것들, 아까 말씀드렸던 요가를 하든가 최신 트랜드를 읽거나 하는 방법으로 리프레시하고 문제의 원인을 다시 짚어봐요.

전 : 그렇군요. 되게 중요한 거에요. 기분 전환을 하거나 패턴을 전환하는 방법을 스스로 알고 있잖아요. 그렇죠? 완벽씨가 쉬는 방법을 아시는거죠. 트렌드 기사를 보거나 어떤 활동을 통해서 말입니다. 기분을 리프레시하는 어떤 일을 하는 것 같아요.

김 : 참, 저 스스로 되게 큰 단점이라고 생각하는 거 하나가 생각났어요. 사람들한테 연락을 먼저 쉽게 하지 못해요. 심각하면 폰포비아라고도 하던데요. 요즘. 이건 뭐 앞에 제가 얘기했었던 여러 가지 성격이랑 좀 연관돼 있을 수도 있어요. 특히 뭔가 몰입하면 연락이

잘 안되고 한데요. 친구들이 열받죠. 몰입하면 아무것도 안 보인다고 해야 할까요.

전 : 그렇죠. 친구들 입장에선. 뭐 때문일까요?

김 : 그러니까, 제 별명 중 하나가 카톡 연락 잘 안 되는 사람이거든요. 그것 때문에 애들이 그래요. 쟤는 뭐 카톡 답장 받으려면 하루 기다려야 된다. 이렇게 말하기도 하고. 이런 거를 좀 약간 귀찮게 느끼고 해요. 예를 들면 먼저 누구를 만나자고 할 수도 있는데... 친구를 만날 때 먼저 만나자고 막 모으는 사람들 있잖아요. 제가 그런 거를 잘 못하거든요. 좀 필요성을 못 느낀다랄까요. 왜일까 생각해봤는데요. (친구들을) 피하는 것도 있을 수도 있을 것 같아요. 또 한편 친구들도 다 자리 잡고 바쁘고, 뭐 일찍 결혼한 친구들도 있고... 뭔가 어찌 보면 당연한 걸 수도 있잖아요. 그러다 보니 좀 관계가 어느 정도 정리되는 느낌이 들기도 하고요. 최근에 좀 느끼는 건데, 코로나 기간 때는 사람을 거의 안 만났거든요. 정말 친한 친구들 몇 명 빼고는 거의 안 만났더라구요. 최근 다시 청첩장 오고 뭔가 모임들이 다시 생기면서 참석하니까... 뭐랄까요. 사람들을 만났을 때 에너지를 뺏기는 스타일이더라구요. 에너지를 써서 사람들과 만나는 스타일인거에요. 근데 또 오랜만에 만나니까 조금 에너지가 채워지는 부분도 없지는 않았지만... 여태 못 만나다가 만나서 그런건지 반갑기는 했어요. 제가 인간관계에 있어서 조금 더 적극적인 사람이 되고 싶다는 생각은 좀 들더라고요.

전 : 음, 적극적인 사람이 되고 싶은 부분이 있네요.

김 : 네. 조금요. 제 마음은 그런 거죠. 근데 제가 좀 극단에 있는 것 같다는 생각이 들어요.

전 : 음, 정규 분포로 봤을 때 조금 극단에?

김 : 네. 약간 그런 느낌?

전 : 그러니까 뭔가 (정규 분포상) 중간으로 와야 할 듯한 느낌인가?

김 : 그렇다기보다, 어쨌든 사람 관계라는 게 주고받고 거니까요. 서로가 (친구) 관계를 유지하는 게 양방향이잖아요. 일방향은 아닌데... 저는 친구 만나면 잘 놀거든요. 근데 이제 또 만나려고 하면 좀 귀찮고, 또 굳이 연락을 해야 되나 싶기도 하고 그래요. 뭐 물론 당연히 불러주는 친구들이 있으니 좋은데... 이제 저도 좀 연락을 먼저 해야 되지 않나 뭐 그런 생각이 들어요. 어떤 면에서는 제가 왜 그런가. 좀 그 이유가 뭔지를 일단 알고 싶기도 해요.

전 : 아, 그렇군요. 이유가 뭔지.

김 : 네. 이유가 뭔지를 알고 싶어요. 그러면 좀 친구들이나 사람들과 관계를 유지하는 데 있어서 도움이 되지 않을까 싶어요. 왜냐하면 역지사지 입장에서 생각해보면 친구들이 짜증 날 것 같거든요. 연락을 했는데 하루 뒤에 답장이 오고 그러면 되게 짜증 나잖아요.

전 : 그런 생각이군요. 맞아요. 연락한 입장에서 답이 없으면 답답하죠.

김 : (그런 상황에서 친구가) 짜증 나는 걸 아는데 제가 그렇게 하고 있으니까. 물론 친한 친구들은 이해하지만 모든 친구들이 다 친한 관계에 있는 건 아니니까. 살짝 고민이 되긴 해요.

전 : 그러면 일단 이렇게 해보면 어떨까 싶어요. 고민도 있고 하니. 완벽씨에 대해서도 뭔가 좀 일부 탐색이 필요한 것 같기도 하거든요. 그래서 일단 한 번에 다 할 수는 없고. 너무 복잡하니까. 일단 다음 시간에는 아까 형용사로 표현했던 거 있잖아요. 그거를 (자기 성격을 형용사로 표현한 것) 한 20개 정도 메모를 해오시면 좋을 것 같아요. 그러니까 완벽씨의 사회적인 역할이나 지위 이런 거 다 떠나서 그냥 진짜 내 모습이라고 해야 될까요? 페르소나(persona)라고 하잖아요. 가면을 벗고 자신의 진짜 모습, 그게 뭔지 한 20개 정도 생각해보면 좋겠어요. 문장이 길면 복잡해지니까 형용사로 한 20개 정도 적어와 주세요. 그거에 대해서 얘기를 좀 해보면 뭔가 완벽씨의 진짜 모습을 들여다볼 수 있는 통로가 될 수도 있을 거 같아요. 지금은 (인간관계에서) 정말로 적극적인 사람이 되고 싶은 건지 긴가민가하거든요. 인간관계에서 소극적인 이유에 관해 생각해볼 수 있을 거 같습니다. 완벽씨 성격을 보면 그렇게 인간관계에서 수동적으로 움직이거나 할 성향은 없어 보이거든요. 하지만 친구에게 먼저 연락하지 않는 걸 선택하는 데는 분명히 이유가 있을 것 같아요. 예를 들면 일이 우선순위에서 우위에 있을 수도 있고, (친구와의 관계에서) 완벽씨가 우월한 위치에 있을 수도 있고. 어떤 면에서 시시콜콜하게 친구 만나봤자 뭐하나 그런 생각이 깔려있을 수도 있죠? 아니면 이런저런 거 얘기하는 게 귀찮아서 차라리 일에 집중하는 게 낫지 뭐... 이런 생각을 할 수도 있죠. 어떤 합리적인 계산을 통해 또 어떤 선택을 하실 것 같거든요. 이성적이고 합리적으로. 그리고 지금 뭔가 (인간관계에 관해) 고민을 이야기하시는 이유가 분명 있을 것 같거든요. 그래서 다음 주에는 완벽씨 자신에 대

해서 좀 얘기를 해보고 그다음에는 대인관계, 그다음에는 우리가 얘기한 것들 중에 좀 깊이 파헤쳐 봐야 되는 부분에 대해서 좀 더 깊이 얘기를 해보면 어떨까 싶어요. 그러면 지금 고민하는 부분에 관해 조금 더 명확한 해결책을 스스로 찾으실 수 있지 않을까 싶어요. 시간 가는지도 모르고 얘기를 했네요. 너무 말씀을 잘해주셔서 이해가 잘 되었고 좋은 시간을 보낸 것 같은데요. 간단히 느낀 점이랄까요? 오늘 느낀 점 간단히 말씀해 주시면 좋을 것 같아요.

김 : 네. 일단은 (상담을) 처음 해보는 도전이었거든요. 상담하기 전에 내 얘기가 너무 까발려진 게 아닐까 이런 두려움이 있었어요. 근데 너무 시원시원하게 잘 진행해 주셔서 좋았구요. 중간중간에 어려운 질문 너무 좋았습니다. 제가 미처 생각해보지 못한 것들이거든요. 기저에 좀 제가 회피한 걸 수도 있고요. 하여튼 던져주시는 그런 질문들이 있어서 좋았어요. 그리고 짧은 시간이었지만 저에 대해서 조금 더 알게 된 것 같아서 좋았어요.

전 : 네. 그래요. 어려운 질문을 좋아하시니 또 어려운 질문을 만들어가지고 와야겠습니다. (웃음) 부지런히 완벽씨가 궁금해하는 거에 대한 솔루션을 위해 같이 생각해봐요.

김 : 네네. 좋습니다.

전 : 네. 그래요. 오늘 너무 반가웠고요. 또 부지런히 탐색을 위한 어려운 질문들을 던져보도록 하겠습니다.

김 : 알겠습니다. 감사합니다.

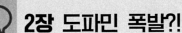

김 : 안녕하세요!

전 : 안녕하세요. 잘 지내셨어요?

김 : 네. 너무 잘 지내고 있습니다.

전 : 너무 잘 지내시면 여기 상담 오실 필요 없는 거 아닌가요? (웃음)

김 : 맞네요. (웃음)

전 : 잘 지내신다니까 좋습니다.

김 : 날씨가 너무 좋아서 기분이 좋은 거 같아요.

전 : 그러니까요. 날씨가 참 좋네요. 나들이도 가고 하셔야 될 텐데... 저
     도 그렇구요. 지난 시간에 많은 얘기를 했네요. 그렇죠?

김 : 네.

전 : 과제도 내드렸었죠?

김 : 네.

전 : 어떻게 과제 좀 생각해보셨을까요? 어떠셨을까요?

김 : 열 개 정도 적어봤습니다.

전 : 네. 좋습니다. 그럼 뭔지 하나씩 설명을 해주시면 좋을 것 같아요. 어떤 거 좀 적어보셨어요?

김 : 저는 일단 비슷한 두 가지일 수도 있는데 '꼼꼼함'이랑 이건 형용사가 맞는지 모르겠네요. '완벽주의', '완벽함'.

전 : 그래요. (제가 느낄 때도) 꼼꼼하신 것 같아요. 완벽주의도. 그게 어떤 건지 조금 풀어서 설명해주신다면 어떤 의미일까요?

김 : 그때도 이야기했지만 일할 때 나타나는 성격이에요. 약간 작은 디테일까지 좀 챙기려고 하는 거. 그리고 일이 아니더라도 뭔가 준비를 해야 한다고 하면 약간 그런 성향이 있는 것 같아요. 그러니까 내 이름을 걸고 혹은 이거 좀 약간 거창하고 좀 오글거릴 수도 있는데, '완벽이 네가 준비하는 거는 뭔가 좀 남다르고 잘 준비되어야 한다.' 뭔가 멋있어야 된다는 강박 아닌 강박이 좀 있는 것 같아요. 그래서 행사든 기획이든 좀 뭔가를 준비하거나 할 때 잘하려고 하죠. 디테일을 잘 챙기려고 하는 거죠. 많이 노력하는 부분이기도 해요. 그런 부분에서 그런 성격이 나오는 것 같아요.

전 : 그렇군요. 그러면 만약 완벽씨가 그린 이미지만큼 완벽하게 혹은 꼼꼼하게 잘 안되면 어떻게 돼요?

김 : 그렇게 되면 저는 일단 좀 스트레스 받는 건 사실인 거 같고요. 그렇게 잘 안 됐을 때... 음... 물론 인생사가 그렇듯이 다 완벽하게 되진 않잖아요. 그래서 그럴 땐 마음속으로 중요한 것과 그렇지 않

은 걸 좀 나눠서 생각하는 것 같아요. 그때 중요하지 않은 디테일이 빠졌을 때는 그냥 넘어갈 수 있는데, 중요한 디테일이 빠지면 말씀드렸던 대로 스트레스 받는 것 같아요. 잠시 후에도 말씀드리겠지만, 약간 순발력이 있다고 할까요? 흔히 임기응변이라고 표현하는 거 여태까지는 유연하게 잘했던 것 같아요.

전 : 그렇군요. 어떻게 보면 스트레스는 다 받을 텐데, 누구나 그렇겠죠. 근데 중요한 것이 무엇이고, 그렇지 않은 것은 무엇인지 우열을 가린다는 거군요. 어떻게 보면 좀 에너지의 투입 정도를 조절해서 쓰시는 것 같기도 하구요.

김 : 네. 그런 거에요. 제가 되게 중요하게 생각하는 게, 결국에는 우리의 모든 리소스는 한정돼 있잖아요. 그 자원 안에서 최선의 뭔가를 내는 게 대부분의 사람들이 항상 하고 싶은 거잖아요.

전 : 그러니까요.

김 : 제 직업이 개발자라서 그럴까요? 뭔가 주어진 환경이나 리소스 안에서 내가 가지고 있는 경험과 능력을 바탕으로 최대한 상황에 맞게 좀 유연하게 문제를 푸는 편이에요. 직업적으로 그게 엔지니어의 역할이라고 생각하거든요. 알게 모르게 평상시에도 그런 성향들이 좀 나오는 것 같아요.

전 : 아, 뭔가 직업과 연관될 수도 있을 거 같아요. 그렇죠?

김 : 네. 직업적 특성이 평상시에도 연결되나 봐요. 그러니까 제가 생활할 때도 좀 그런 성향들이 약간 이어지는 거 같다는 생각이 들어요.

전 : 어떻게 보면 되게 긍정적으로 느껴집니다. 자기 성향에 대해서 자가 평가해가며 적절하게 자원을 활용하는 거니까요.

김 : 네. 근데 좀 뭐랄까. 꼭 일의 영역이 아니더라도 제가 가진 본연의 장점인 것 같아요.

전 : 그럴까요? 좋아요. 두 번째?

김 : 두 번째 단어 적어봤죠. 예민함. 예민하다고 썼습니다. 이거를 선택한 이유는 어떤 소리나 냄새에 되게 좀 민감해요. 악취 같은 거. 그런 냄새 나면 피하거나 하죠. 여름이나 하수구 냄새나 어디 식당에서도 화장실 냄새가 좀 많이 난다? 그러면서 스트레스 많이 받고... 좀 그런 것 같아요. 제가 좀 어린 시절 미국에서 초등학교, 중고 시절을 돌이켜보면 이런 성향이 좀 심하게 강했어요. 한번은 엘레나(가명)라는 어떤 스웨디쉬 여자애가 있었는데요. 귀엽고 발랄한 금발머리 애로 예뻤는데, 무슨 이상한 야리꾸리한 냄새가 나는 거에요. 그런 걸 잘 못 견디죠. 참 뭐라 할 수도 없고 슬쩍 피하는 거죠. 최근에 좀 이런 성향들이 어렸을 때보다 많이 없어졌다고 생각하는데, 제 나름대로는 아직 남아있는 부분이 있는 거 같아요. 예민한 외부 자극에 좀 예민하게 반응하는 것이 있어요.

전 : 어느 식당이나 직장에서 악취가 나는 일을 마주칠 수 있는데, 그럴 때는 어떻게 반응하세요?

김 : 저는 일단 차단하거나 하죠. 아니면 뭐 예를 들어서 냄새 같은 경우에 원인을 찾아야 돼요. 원인을 찾아서 척결합니다. 원인을 찾아서 척결하고 안 될 때는 좀 막으려고 하죠. 아니면, 피하거나.

전 : 어쨌든 해결해야 되는군요. 그렇죠?

김 : 네. 해결하면 제일 좋죠. 할 수 있으면 해결하는 편입니다.

전 : 해결이 되는 상황이면 좋은데... 또 모든 상황이 해결되는 건 아닐 수 있잖아요. 그러면 어떻게 돼요?

김 : 그러면 일단 회피하도록 노력해요. 예를 들어서 장소라면 다른 장소로 가야겠죠. 식당인데 만약 그렇다... 음식을 시켰다면 좀 그냥 버틸 수도 있지만 그 전이라면 옮기지 않을까 싶어요. 다른 장소로 가는데 또 그게 안 되면 스트레스 좀 받을 것 같아요. 대체로 냄새 같은 건 물리적으로 차단하는 방법이 있잖아요. 마스크를 쓴다든지. 아예 진짜 상황을 바꾸기 불가능한 경우는 거의 잘 없던 거 같아요. 엘레나라는 여자애도 같이 공원에서 커피 마시다가 약간 썸 탄 거 같기도 한데... 그냥 빨리 헤어진거죠. 사귀기 전에 끝난거죠. (웃음)

전 : 네. 그렇군요. 만약 견디기 어려운 상황인데 바꾸기 어려운 상황이 있다고 상상해보면 어때요?

김 : 아... 진짜 스트레스 많이 받을 것 같아요.

전 : 그렇죠. 좀 구체적으로 생각해볼까요? 스트레스 받으면 어떻게 될 것 같아요? 폭파할 것 같아요? 아니면 옆에 사람한테 짜증을 낼 수도 있구요.

김 : 그렇죠. 짜증 낼 가능성이 제일 높아 보여요. 저는 부모님께 막 대하거나 그런 건 없는데요. 또 어느 남자애들처럼 벽이나 책상을 쾅

쾅 치고 막 이런 식으로 표출하지는 않아요. 약간 쌓아두는 편이에요. 그러니까 약간 표현을 잘 안 하는 편이구요. 근데 그런 게 쌓이다 보면 옆 사람이 말을 걸어나 그랬을 때 좀 퉁명스럽게 대답하거나 그런 게 있어요. 짜증 나니까요. 예민하게 표현되는 경우가 굉장히 많았던 것 같아요.

전 : 그러니까 그게 공격성이나 폭력성으로 나타나지는 않지만 짜증이나 퉁명스러움으로 나타나는 거죠. 이렇게 속에 쌓여 있다가 어떤 식으로든지 티가 나게 되는 거네요.

김 : 네. 그리고 저는 표정에서 100% 거의 드러납니다.

전 : 못 숨기시는 거 저랑 같군요. 예민한 편이고.

김 : 네. 맞아요.

전 : 아니, 근데 어렸을 때는 더 예민했던 거 같은데. 지금은 어떻게 조금 바뀌게 된 거에요?

김 : 일단은 미국에서 중고등학교 때 좀 스트레스 지수가 높았던 것 같아요. 제가 뭐 실력면에서 부족한 건 아니었지만 잘난 애들이 좀 있던 학교였거든요. 셀렉티브 학교니까. 잘하는 애들이 오는 거죠. 애들 따라잡으려고 공부로 인한 스트레스가 좀 컸어요. 저희가 흔히 겪는 뭔가 갇혀 있는 듯한 느낌이랄까요. 중고등학교 때 하기 싫은 공부 하자니 답답하죠.

전 : 아, 그랬군요.

김 : 그거에 대한 좀 스트레스도 있었던 것 같고 그 안 좋았던 경험이 예민한 쪽으로 발현됐던 것 같아요.

전 : 고등학교 시절에는 어떤 캐릭터였을까요?

김 : 전형적인 모범생 스타일이었다고 생각합니다.

전 : 그렇군요. 어쨌든 예민한 것이 기질적으로 있었지만 지금은 그래도 과거보다는 상대적으로 덜한 상태다. 하지만 여전히 예민한 성격은 남아있다?

김 : 맞아요.

전 : 그렇군요. 그러면 예민한 성격이 좋은 쪽으로도 작동하나요?

김 : 있죠. 진짜 약간 원초적인 오감레벨에서 보면 맛이나 냄새 같은 거 캐치를 엄청 잘해요. 미각이 엄청 발달한 거죠. 음식에 뭐가 들어갔는지 얼추 맞출 수 있거든요. 엄마가 어렸을 때 많이 놀라셨죠. 삶의 해상력이라고 해야 되나? 그런 건 좀 높은 것 같아요. 다만 좀 스트레스가 있는거죠. 근데 저는 그럴 때 좀 자면 괜찮더라고요.

전 : 그러니까 이것도 대체로 만족하는 편이네요. 스트레스가 있긴 하지만 잠을 통해 해결할 수 있는 수준이라면 뭐.

김 : 네. 약간 제 능력치의 일부를 보고 있는 것 같아요.

전 : 그래요. 좋아요. 또 어떤 감정이 있는 거 같아요?

김 : 이것도 좀 두 개를 엮어서 볼 수 있을 것 같은데요. 전 동의어라고

보지는 않지만 좀 연관돼 있다고 봅니다. '직설적인', '솔직한'.

전 : 어떻게 보면 개념상 다른 단어인데 좀 비슷한 거 아닐까요?

김 : 네.

전 : 왜 그런 성향들이 나올까요?

김 : 예전 고등학교 때 일대일 멘토멘티를 경험한 적이 있는데요. 그때 일대일 대화할 때 피드백을 주고받는 과정이 직설적이고 솔직한 게 좋더라구요. 언제나 그럴 수는 없겠지만, 저는 라포가 형성된 친구들이 있으면 좀 직설적으로 얘기하는 것 같아요. 그래서 친구들이 저보고 현실적이라고 했어요. 그러니까 주어진 상황에서 현실적인 솔루션 같은 거를 많이 얘기하는 거 같고요. 그래서 저 때문에 분위기 환기도 되고 좋다 뭐 이런 피드백을 자주 들었던거 같아요. 고맙게도 제가 좀 그렇게 소통하려고 노력하는 것 같아요. 막 돌려 말하고 이런 거 별로 안 좋아하거든요.

전 : 근데 리더자나 상사가 같이 일하는데 되게 솔직하게 얘기하면 기분 나쁠 때도 있을 건데... 어쨌든 그런 스타일을 좋아하시는군요. 뭘 못했는데도 조금 잘한 것처럼 얘기해 주고 그런 거 별로죠? (웃음)

김 : 네. 근데 실제로 말씀하신 것처럼 사람마다 수용력이 완전 다르잖아요.

전 : 맞아요. 그건 그래요.

김 : 그래서 처음에는 사람들마다 수용력이 얼마나 다른지를 파악하기

가 어려워 시행착오가 좀 있었어요. 그러다 보니 뭐랄까. 좀 더 표현 방식을 온화하게 하라는 피드백도 있었고요. 완전 100% 공감해요. '뭐, 가끔 내 의도는 그게 아니었어. 미안해.'라고 말할 때도 있었죠. A/S 차원에서. 그건 그렇고 또 '집중하는', '열중하는' 이런 거 썼습니다.

전 : 네. 지난 시간에도 잠깐 얘기했던 거죠.

김 : 집중은 양날의 검이죠. 제 능력치 중 하나라고 생각하는 부분이기도 하구요.

전 : 네. 한 번에 몇 시간까지 집중해 보셨어요?

김 : 좀 웃긴 얘기인데 지금은 좀 오래 집중하는 거, 신체적으로 좀 예전 같지 않은 거 같고요. 제가 나이가 어려서 이런 말 하는 게 좀 그렇지만 이제 서른을 바라보니까요. 대학교 때랑은 완전히 다른 거 같아요. 기숙사 살면서 집중해서 과제에 몰입하는 데 체력이 딸리는 거 같더라구요. 어떤 때는 아침에 일어나서 시작해가지고 시계를 보니까 저녁 9시 이럴 때도 있었어요. 거의 안 먹고 달리는 거죠. 미친 듯이.

전 : 아이구, 드시지도 않고요?

김 : 네. 그러니까 저는 이제 좀 배고픈 듯하여 시계를 봤는데 밤 9시였던 거죠.

전 : 어마어마한 집중력이네요. 완전히 몰입된 상태.

김 : 중간에 화장실 한두 번 가고, 안 좋은 습관인데 물도 많이 안 마셔요. 그러니까 중간에 화장실을 잘 안 간 거죠. 그래서 지금은 좀 의도적으로 그렇게 안 하려고 노력하고 있어요. 중간에 좀 쉬는 시간 가지려고 좀 노력하는 거 같아요. 리프레쉬하면서 해보려고요.

전 : 왜요? 그렇게 달리면 훨씬 더 많은 아웃풋들이 나오잖아요. 아웃풋으로만 보면.

김 : 맞죠. 근데 저는 그런 에너지가 지속 가능하다고 보지 않거든요. 좀 뭐랄까 코로나 전이었는데 제가 아팠던 적이 있었어요. 너무 일에 몰두를 많이 해가지고 좀 뭐라할까. 피부발진이 났는데 (병원에서) 원인을 모르더라구요. 손가락이 다 벗겨지고 등에 오돌도돌 뭐가 올라오고. 몇몇 의사들은 정확하지는 않지만 면역력 관련된 거로 예측하더라구요. 그 말은 저도 할텐데. 아무튼지 균형이 깨진거죠. 뭔지 몰라도. 피부가 그러니까 가렵고 미치겠더라구요.

전 : 심하셨네요.

김 : 뭐 심각한 병은 아니었지만 그걸 한 번 겪고 나니까 요즘 100세 시대라고 하는데... 안 되겠다 싶었죠. 이렇게 하다간 중간에 뭔일 나겠구나 싶었던 거에요.

전 : 그렇죠. 건강 잃으면 회복되기 어렵기도 하죠.

김 : 그러면서 '내가 뭘 위해서 이렇게 열심히 달리지?' 약간 이런 생각도 들었어요. 가끔 요가 한다고 했잖아요. 트레이너가 맨날 물 먹으라고 잔소리 하거든요. 뭐 몰라서 못하는건 아닌데... 그래도 계

속 옆에서 잔소리 해주니까 좀 양이 늘긴 했어요.

전 : 건강에 신호가 왔네요.

김 : 네. 그때 교훈을 많이 얻었어요.

전 : 그렇네요. 어떻게 보면 그 신호가 뭔가 완벽씨가 좀 균형을 갖고 조금 더 조절을 해야 될 부분이 무엇인지 깨닫게 해준 거 같아요. 또 적으신 거 있으세요?

김 : 음. 단점이 있어요. 선입견이 강한 편이에요.

전 : 그래요? 어떤 면에서?

김 : 특히 인간관계에서 좀 그런 면이 있다고 생각해요. 예를 들면 선입견이 영어로 프레쥬디스(prejudice), 선입견 맞죠? 편견이 있어요. 선입견. 나만의 시각과 잣대. 예를 들면 사람을 만날 때 첫인상이 끝까지 갑니다. 끝까지 이어지는 느낌이 좀 강해요. 저만의 기준에 있어서 그런거죠. 이 사람이 뭔가 내 신뢰를 저버리는 행동을 했을 때 확 멀리하게 되는 그런 게 있어요. 예전에 친구들이 뭐라 그랬냐면, 완벽이는 한 번 그 사람이 마음에 안 들면 쳐다볼 때 벌레 보듯 한다고 했거든요. 거의 사람 취급 안 하는 거죠. 근데 이것도 미국에서 학창 시절 때는 좀 심했던 것 같고요. 이제 회사 다니고 이러면서 좀 나아진 거 같긴 해요. 진상들은 어딜 가나 정말 많이 모여 있잖아요. 물론 그런 감정이 들고 이런 건 어쩔 수 없는데. 그걸 표정이나 몸으로 표현하거나 티나게 말투로 표현하는 그런 것들은 조금 순한 방향으로 얘기하려고 연습하고 있어요.

114

전 : 네. 성격이라는 게 잘 안 바뀌는 것 같아요. 그래도 완벽씨가 예전에 비해 예민함이 조금 약해지긴 한 것 같은데... 그렇죠? 그냥 됐어, 나 너랑 인간관계 안 해도 괜찮아, 약간 자존심 같은 그런 것도 좀 있는 것 같고, 아까 말씀하신 거처럼 편견일 수도 있겠죠. 그렇죠? 해석에 따라 다르지만 두루두루 원만하게 잘 지내려면 이런 것에 좀 둔감한 게 나을 거 같기도 해요. 어쨌든 이런 면이 있네요. 그러면 대인관계 말고 다른 영역에서의 선입견과 편견은 어떤 것 같으세요?

김 : 이게 연관된 얘기인지 모르겠지만요. 완전 다른 얘기일 수도 있는데 뭐라 그럴까요? 향수, 샴푸 같은 거 있잖아요. 세탁용품 같은거 잘 안 바꿔요. 그리고 생필품 떨어지는 거 되게 싫어해요. J성향인지. 막 좀 쌓아놓고 쓰거든요.

전 : 그렇군요. 의도적으로 안 바꾸는 거에요?

김 : 네. 제가 좋아하고 평소에 쓰던 거 있잖아요. 그런 거 바꾸는 걸 별로 안 좋아하더라고요. 아니, 싫어하더라고요. 그러니까 약간 스트레스 받더라고요. 왁스 같은 거 조금만 향이 바뀌거나 해도 잘 못 쓰겠어요.

전 : 바뀌면 어떻게 되죠?

김 : 불편해요. 예를 들어서 제가 쓰는 치약이 있거든요. 여행가거나 하면 가져가요. 일회용 잘 못써요.

전 : 음, 이해합니다. 제 남편도 그런 게 있으니...

김 : 아, 그러시군요. 여행 갈 때 치약, 내가 쓰던 베개 같은 거 안 가져 왔잖아요? 그러면 거기 있는 걸 쓰거나 사서 써야 되잖아요. 좀 편하지 않아요.

전 : 참. 그 부분이 또 좀 이해가 가는 게... 저랑 같이 살고있는 짝꿍이 또 그런 성향이 좀 있어요. 저랑은 다른 성향이라 처음에 잘 이해를 못 했었거든요. 근데 '그럴 수 있겠구나. 저렇게까지 까칠할 수가 있겠구나.' 좀 시간이 지나고 이해했죠.

김 : 까칠하다도 맞네요. '예민하다', '까칠하다' 맞아요. 저 까칠해요.

전 : 왜 저래? 처음에는 비난했죠. '왜 저렇게 까다로워. 뭐 아무거나 쓰지. 뭐 저렇게 챙기는 게 많을까?' 근데 본인이 가진 어떤 성향, 하나의 기호로 인정하다 보니 괜찮더라구요. 완벽씨는 굉장히 좀 능동적이고 뭔가 일에 대한 몰입도가 있어 보여요. 일에 굉장히 애착이 있기도 하고. 그렇다 보니까 일이라는 거, 저도 요즘 생각을 많이 하게 되는데... 내가 하고 싶은 걸 기획하고 만들고 연구하고 뭐 그런 면에서. 거의 100% 내 주도로 가는 게 많더라고요. 근데 인간관계는 그렇지 않죠. 타인의 반응에 의해서 바뀌는 게 많더라고요. (인간관계에는) 변수가 너무 많죠. 너무 일에 몰입하다 보면 인간관계가 좀 다소 귀찮기도 하고 그렇죠. 그러면 안 되겠지만. 타인의 반응에 따라서 계속 뭔가 좀 유연성을 갖고 대처해 나가야 되는 데 에너지가 들기 때문에 아예 인간관계보다 일이 어떤 면에서 수월하기도 한 듯 해요.

김 : 맞아요. 정확해요.

전 : 네. 그러니까 사람들 만나러 안 나가고 싶은 거죠. 그냥 이게 너무 편한 거죠. 일하는 게 내 컴퓨터 보고 내 공부하고. 사실 공부는 그냥 내가 지식을 습득하는 만큼 정확히 취득되니까. 아주 깔끔하게. 근데 대인관계는 그렇지 않잖아요. 이와 관련하여 완벽씨는 어떠세요?

김 : 말씀하신 게 맞는 것 같습니다.

전 : 대인관계, 어떻게 해야 될까요?

김 : 어떻게 보면 반대로 수동적인 자세가 되는 것 같기도 해요. 뭔가 사람들한테 연락을 먼저 안 한다든지 그런 부분을 보면요.

전 : 맞아요. 저 같은 경우에도 전화를 받는 것보다 하는 걸 더 좋아하거든요. 제가 원하는 시간에. 어떻게 보면 상대방은 참 이기적이라고 생각할 수도 있겠어요. 아니, 왜 쟤는 내 전화 안 받고 자기가 시간 날 때 전화해? 그럴 수 있잖아요. 그래서 일과 인간관계는 성격이 많이 다른 것 같다는 생각이 들어요. 어쨌든 일단 넘어가 봅시다. 다음으로 적은 건?

김 : 그다음에 이건 아까 얘기했었네요. '순발력'.

전 : 그렇죠. 어떤 상황에서 주로 순발력을 잘 발휘를 하실 수 있으세요?

김 : 아까 말했던 건데요. 좀 뭔가 내 의도대로 안 풀렸을 때 기질을 발휘해야 되는 상황에서 순발력이 발휘되는 것 같아요.

전 : 어떻게 보면 그 일과 관련한 어떤 완벽씨의 목표치. 그때 말씀해 주셨던 뭔가 완벽씨가 어떤 정점을 찍을 수 있는 때. 그런 기대치가 높으니까 전략적으로 필요할 때 순발력이 발휘될 수도 있을 거 같아요. 잘 모르겠지만. 다음은?

김 : 아, 제가 잘 생각이 안나서요. 어제 부모님과 식사하면서 여쭤봤거든요. 아빠한테 물어봤는데 배려심 있는 모습이 있다고 얘기해 주셨어요.

전 : 아, 아버님이. 아들한테 또 그런 얘기를 해주셨다는 건 어찌보면 굉장히 아들로서 잘한다는 건데요. (웃음)

김 : 아, 근데 앞에 뭐 예민하고 안 좋은 거 다 얘기해주신 후에, 저거 하나 말씀해주셨던 거에요.

전 : 네. 그렇군요. 그래도 아버님이 어떤 의도로 배려심을 말씀하셨을까요?

김 : 아버지의 근거는 뭐였냐면 제가 고양이를 키우기 때문에, 동물을 좋아하는 사람은 일단 배려하는 마음이 기본적으로 있다는 거로 설명을 해 주셨어요. 또 제가 좀 그럴 수도 있겠다고 생각했던 거는 평소에 친구들이나 다른 사람들 만날 때 좀 항상 '이렇게 행동해야겠다.'고 나름대로 생각했던 부분들이 있어요. 좀 열심히 노력하는 부분인 거 같아서 말씀드렸어요.

전 : 그러니까 그 부분에서 많이 노력을 하시네요. 어떻게 보면.

김 : 네. 저는 어떻게 보면 초이성적으로 보일 수 있고 정이 없어 보일

수도 있는데... 결국 인간관계는 쌍방이라고 생각하거든요. 그래서 내가 충분히 좋은 모습을 보여주면 상대방도 좋은 모습을 보여줄 거라고 기대하는 부분이 있어요. 뭐 그렇게 해도 잘 안되면 인연을 정리하는 거죠. 제 기준인 것 같아요.

전 : 아, 그렇다면 완벽씨의 일상에서 사람을 만나는 거, 대인 관계도 매우 중요하네요.

김 : 네. 저는 중요하다고 생각해요. 중요한데 잘 못하고 있다고 생각해서... 그때 약간 문제 상황 아닌 문제 상황이라고 얘기드렸던 것 같습니다. 그리고 좀 그렇게 느꼈었던 이유는 코로나 터지고 약간 공포가 생겨 사람을 잘 안 만났어요. 근데 최근에 거리두기 해제되고 사람들 많이 만나니까 되게 좋더라구요. 내가 여태까지 가졌던 관계들이 정말 소중했다는 생각이 들기도 하구요.

전 : 그러니까 사람이 싫어서 만나지 않은 게 아니었던 거네요. 어쨌든 코로나 바이러스에도 굉장히 민감하고 예민하다 보니까 외부적인 상황이 줄어든 거죠. 사람들한테 연락도 덜 하고 좀 덜 만나게 되고. 그런 환경이 좀 작동했을 수도 있을 것 같고... 사실은 일을 좋아하고 일에 몰입하는 시간이 많지만 사람이 또 중요한 영역으로 차지하고 있는 건 사실인 듯 해요. 사람들을 만남으로써 뭔가 좀 에너지를 얻었다는 말씀도 해 주신 걸 보면요. 모든 관계가 그러지는 않겠지만 완벽씨에게 인간관계는 참 필요하네요. 인간관계에 영향을 준게 코로나 환경 말고 다른 것도 있었을까요?

김 : 인간관계에 있어서 수동적인 게 있어요. 예를 들면 먼저 연락을 안

한다든지 아니면 완벽씨 주도로 어디 가자 이런 걸 얘기 안 한다라든지. 아니면 이 사람이 요즘 뭐 하고 사는지 궁금하면 "요즘, 뭐해?"라고 물을 수도 있잖아요. "잘 지내?" 이렇게 얘기할 수 있잖아요. 근데 저는 좀 궁금하긴 한데 뭐 그냥 지나가거든요. 근데 막상 만나서 얘기하면 좋아요. 근데 왜 그걸 좋다고 말하지 못하는지? 잠깐 귀찮은 걸 참고 나가면 재밌을 건데. 좋은 걸 아는데 왜 그렇게 먼저 얘기하기가 꺼려지는지 모르겠어요. 좀 뭔가 마음속에 부담이 있어요. 예를 들면 인스타 사진 바뀌면 "사진 바꿨네?"라고 아는 체할 수 있을텐데... 그런게 잘 안되더라구요. 또 지난번에 한 친구가 해외 놀러갔다와서 사진을 바꾼 거에요. 그때 배경이 엄청 멋있어서 속으로 '와, 진짜 멋지다! 스위스 같다.'라고 생각했었거든요. 궁금한 거에요. 스위스 맞는지 약간 긴가민가해요. 물어보고 싶었는데 그때도 그냥 물어보려다 말았거든요.

전 : 그렇군요.

김 : 친구들은 되게 그런 것들을 허물 없이 쉽게 하는 거 같거든요. 근데 왜 난 이게 어렵지... 그냥 타자 한 번 치는 건데... 왜 생각만 스쳐가고 그냥 지나갈까 이런 생각이 들었거든요.

전 : 궁금한데 생각이 쓱 지나가고 이러잖아요. 그걸 슬로우 비디오로 보면 어떨까요? 머릿속에 어떤 생각들이 스쳐가는 것 같아요? 굉장히 짧은 시간이겠지만.

김 : 음, 그러게요. 기저에 작용하는 뭔가가 있을건데 그 원인이 뭘까요?

전 : 예를 들면 내가 연락했는데 애가 바빠서 연락을 못 받을 수도 있

고, 아니면 내가 연락을 했는데 예상치 못한 답변을 받을 수도 있
잖아요. 아니면 연락했는데 예상했던 답이 나올 수도 있고. 상황은
모든 게 열려 있는 것 같죠? 모든 게 다 가능한 거죠. 아까 말씀하
신 것처럼 "야, 너 사진 바뀌었다? 너 요즘에 뭐 좋은 일 있냐 ?"이
런 거 말할 수도 있는데 이런 말까지 안 하고, 그냥 궁금한 것을
조금 억제한다고 그래야 되나? 그냥 그렇게 좀 지나가는 게 있잖아
요. 그 기저에 어떤 이유가 있을 것 같아서요.

김 : 저도 그걸 좀 알고 싶네요. 일단은 제가 표면적으로 들었던 감정을
생각해 보면 약간 무책임하고 좀 회피성 답변일 수도 있지만 귀찮
다는 생각이 아주 원초적으로 들었던 것 같아요. 결국에는 물어보
고 요즘 어떻게 지내는지부터 시작해서 약간 캐주얼한 질문들을 귀
찮아 하는거죠. 좀 소모적인 말이라고 해야 될까요? 약간의 귀찮음.

전 : 지금 말씀해주신 그 단어가 굉장히 큰 의미가 있을 수 있을 것 같
아요. '귀찮은 것'과 '소모적인 것'에 대해 좀 더 깊이 생각을 해봐
야 될 것 같아요. 그러니까 뭔가 캐주얼한 이야기가 중요하지 않은
거라고 생각하는 거거든요. 좀 극단적으로 얘기하면 좀 쓸잘데기
없는 일이라고 생각하는 거죠. 그니까 일상에서 중요한 게 있고 아
닌 게 있다? 뭔가 (일과 관련한) 기술이나 자신이 중요하다 생각하는
건 중요한 게 되는 거죠. 그리고 잘 지내냐는 그런 인사 정도는 그
다지 중요하지 않은 거예요. 그렇다 보니까 이거는 소모적인 거라
고 인식하는 거죠. 그걸 좀 깊이 따져볼 필요는 있을 것 같아요.
그게 왜 소모적일까? 그러니까 정말 소모적인 걸까?

김 : 음....

전 : 사실은 작은 대화 역시 일상이고. 어떻게 보면은 일하며 열심히 사는 게 뭔가 좋은 사람을 만나 잘 살기 위한 것일 수도 있는데. 인간관계를 소중하게 생각하면서도 동시에 소모적이라고 생각하는 건 좀 어떻게 보면 상반되는 그런 거잖아요. 소모적이라고 생각해서 인간간관계를 전혀 하지 않는다면, 그냥 이 사람은 일이 중요한가 보다. 100% 일로 승부를 걸텐데. 지금 완벽씨는 (인간관계에 대해) 많은 것들도 노력하고 고민한단 말이죠. 고민을 한다는 건 완벽씨한테 고민거리가 된다는 거거든요. 관심의 대상인 거죠. 그러면서도 이걸 소모적으로 생각하잖아요. 그러면 고민에 대한 입장 정리 같은 게 좀 필요할 수도 있을 것 같아요. 모든 게 정리되는 건 아니겠지만.

김 : 그렇네요. 이것도 약간 아까 제가 얘기했었던 편견을 가지고 있어서 그럴 수도 있을 것 같아요. 이렇게 대화하는 거 자체가... 그러니까 결국 소모적이라는 건 가치 판단을 해버린다는 거잖아요. 단어 자체에 대해서요.

전 : 그렇네요. 그러니까 가치 판단이 많고 굉장히 이성적이고 합리적인 분이시고, 또 어떤 면에서는 생산적인 거에 가치를 두시는 면도 있으신 거 같구요. 그렇다 보니 뭐 스몰톡과 관련한 것들은 별로 가치가 없는 것처럼 느껴지는 거죠. 비유가 맞는지 모르겠지만 가사 노동과 가사 밖의 노동을 보면 보통 사회적 인식이 더 낮고 평가가 덜 되는 집안일이 더 어려운 것 같거든요. 시작과 끝이 없고, 인정도 덜하고. 바깥에서 일하는 건 통장에 월급 딱딱 찍히고 보이잖아요. 그리고 (일을 잘하면) 인정도 해주고. 그런데 집 안에서 일

하는 건 티도 안 나고 그러니까 뭐 하찮은 일 정도로 생각하기 쉽죠. 깊이 고민을 해봐야 될 것 같아요. 또 적으신 거 있으실까요?

김 : 네. 좀 살가운?

전 : 그건 어떤 의미예요? 좀 풀어 설명해주신다면요?

김 : 그러니까 이게 적합한 표현이 아닐 수도 있을 것 같아요. 좀 뭐랄까. 처음 보는 사람이나 아니면 친구들이랑 같이 있을 때나 회사 사람들이랑 있을 때나 좀 뭐라고 그래야 되지? 능글능글하다고 해야 되나? 약간 좀 분위기를 유하게 만들려고 하는 게 있어요. 근데 이건 좀 상황에 따라 다른 것 같아요. 저보다 더 분위기를 잡아주는 사람이 있으면 저는 약간 조용히 있는 편이고, 만약에 그렇지 않으면 저는 그런 역할을 해야 된다고 생각하는 것 같아요. 제가 그래서 막 말도 많이 하고 쓰잘데기 없는 농담도 하고 좀 일부러 크게 웃는 게 있어요.

전 : 지금 내용을 떠나서 딱 드는 생각은요. 완벽씨가 굉장히 분석적이신 것 같아요. 그러니까 인지적인 부분이 활발하신 거죠. 연관이 있는지는 모르겠지만 여러 생각을 내려놓고 그냥 한마디 뚝 던지는게 잘 안되는 거죠. 어떻게 보면 굉장히 복잡하지 않아요?

김 : 그러네요. 피곤하게 사는 거 같아요. 진짜.

전 : 저도 살짝 피곤하실 수 있지 않을까 이런 생각도 잠깐 드네요.

김 : 저도 그렇다고 생각해요. 제가 저번 시간에도 얘기했었는데 좀 정리도 잘 안 되고 그런 것들이... 그러니까 제 가설에서는 이게 결국

총량이 있는 거라 생각해요. 예를 들어서 80%를 일하는 데 쓰고, 뭔가 소모적인 거에 10%를 쓰고 하면 남는 게 별로 없는 거죠. 그래서 평소에 소위 (소모적이라 생각하는) 뇌를 빼고 살고 있지 않나 약간 이런 생각이 들기도 해요.

전 : 동의해요. 완벽씨가 일에 너무 많은 에너지를 쓰기 때문에 자연스럽게 한쪽 방향에서는 에너지를 별로 쓰지 않는 걸 선택하시는 거 같기도 해요. 자, 어쨌든 이렇게 열 가지 적으시면서 여러 생각을 하셨을텐데요. 이 과정을 거치시면서 어떤 생각이 들었는지 궁금해요.

김 : 저는 일단 아까 인간관계에 대해서 말씀하신 거에 대한 작은 깨달음을 얻은 것 같고요. 그다음에 좀 피곤하게 산다는 것도 공감이 됐고, 너무 분석적인 삶이라는 생각도 해보게 되었어요. 그리고 '아, 이렇게 행동해봐야겠다.'라는 몇 가지 생각도 떠올릴 수 있었던 거 같아요. 하여튼 그런 거 좀 해보면 사람이 덜 피곤해질 수 있겠다는 생각이 들었구요.

전 : 아, 뭘 해보면요?

김 : 아까 말씀하신 대로 좀 내려놓고 살거나 그런 거요. 평소에 조금 더 내려놓고 그 다음에 제가 아까 소모적이라 생각했던 말들도 어쨌든 저한텐 중요한 거 같아요. 삶에서요.

전 : 음...

김 : 소모적이라고 생각하면 안 될 것 같다는 생각이 들었어요.

전 : 이 방법을 좀 추천드리고 싶긴 해요. 뭐냐면요. 지금 안 하는 걸 좀 해보시면 좋을 것 같아요.

김 : 어떤?

전 : 그러니까 좀 전에 말씀하셨던 것처럼 '말걸기'? 완벽씨 인생에서 중요한 거니까 좀 해보면 좋겠다는 생각이 들어요. 그러니까 일단 완벽씨 머릿속에서 지금 일어나고 있는 인식 말고, 생각 말고. 의지 말고. 생각하기 전에, 그냥 하는 거죠!

김 : 아, 일단 행동.

전 : 행동부터. 왜냐하면 지금까지 워낙 인지적인 부분이 발달하신 분이니까요. 그냥 사진 바뀐 거 보이면, "너 뭐 하냐?" 이렇게 말부터 걸어보란 거죠.

김 : 오! 이거 좋네요.

전 : 네. 괜찮은 것 같아요. 그냥 행동 먼저 해보는 거. 그런 다음 상대 반응이 오면 그에 맞게 완벽씨 마음에서 일어나는 걸 찾을 수도 있고 아닐 수도 있고. 그냥 행동으로 옮기시는 걸 시도해 보시면 좋을 것 같아요. 이런 생각이 왜 들었냐면요? 저처럼 이렇게 앉아서 연구하고 이런 사람들은 몸을 움직이는 것도 굉장히 복잡해지고 어려울 때가 있어요. 이렇다 보니까 몸을 일단 움직여 볼 때가 있거든요. 신체든 마음이든 가정이든 일이든 약간의 균형이 필요한 거 같아요. 근데 균형을 잡고 살아가기가 어렵죠? 인간관계도 완벽씨에게 중요하다는 건 확인이 되었으니. 어떤 면에서는 자신

의 틀이라든지 편견이 무엇일지, 분석하고 평가하는 거 당장 더 필요는 없을 것 같아요.

분석과 평가를 모든 상황에서 누구나 다 요구하지는 않을 것 같거든요. 그렇다 보니까 가끔 서너살 어린아이처럼 해보는 거죠. 아주 좀 자유로운 그런 경험들. 종종 시도하시면 굉장히 정서가 더 풍요로워지지 않을까 싶어요. 굉장히 많은 강점들을 갖고 계신 거 같아요. 지금 말씀을 해주신 거에 대해서도 뭔가 완벽씨가 갖고 있는 긍정적인 에너지, 프라이드 이런 것들이 많이 느껴지거든요. 실제로 이제 이런 부분에서 좀 더 자유롭게 유연성을 발휘할 수 있다면 너무 좋을 것 같다는 생각이 들어요. 지금 현재로서는 가끔 행동을 먼저 시도해 보면 뭔가 무슨 일이 벌어지지 않을까 싶어요. 예를 들면 "(프사를 보고) 이 사진 멋있다!" 뭐 이런 말, 뭐 그 말을 한다고 무슨 일이 당장 일어나지는 않거든요. 하지만 완벽씨에게는 아주 큰 시도죠. 그렇죠?

김 : 네. 살짝 씹힐 수도 있는? (웃음)

전 : 어떤 일이 일어나봤자 그냥 조금 살짝 씹힐 수 있는 정도. 물론 그렇게 되면 '얘가 왜 이럴까, 안 그러는 애가 왜 그러지.' 뭐 이런 생각이 들 수 있겠죠. 하지만 이게 크게 위험한 상황들은 아니다 보니까 충분히 시도해 볼 만한 그런 일이지 않을까 싶어요.

김 : 좋네요.

전 : 그렇죠? 고작 몇 시간 얘기했는데 완벽씨랑 길게 얘기한 것 같네요. 그만큼 많은 내용이 담겨있다는 의미에요.

김 : 네. 조금 깊게 생각하니까 오히려 뭐라고 그럴까요? 좀 지향하는 걸로 약간 단어를 만들게 되더라고요. 그래서 약간 표면적이고 일차원적으로 생각나는 거를 적었어요.

전 : 잘해주셨어요. 그냥 생각나는 대로.

김 : 네. 생각나는 대로.

전 : 그래요. 그러면 우리 다음 시간에는요. 지금 마저 못 적으신 강점 10개 정도 더 적어오시는 게 가능하실까요?

김 : 네. 해볼게요.

전 : 이번에도 표면적으로 생각나시는 대로 적으시면 됩니다.

김 : 당연히 겹치지 않게 적어야겠죠?

전 : 네. 당연하죠. 그리고 그다음에 대인관계에 대해서 하나 더 살펴보면 좋을 듯해요. 완벽씨 반경에 있는 인간관계는 어떤지 그려보면 좋을 것 같아요.

예를 들면 원으로 표현을 할 때, 가운데 완벽씨가 있고 그 다음에 그 주변에 가족, 친한 친구들, 회사 동료들 등이 있겠죠? 다음에 점점 멀리에는 얼굴만 아는 사람들이 있겠구요. 근접 환경의 네트워크를 좀 표시해 오시면 좋겠어요. 그리고 그리시면서 어떤 특징들이 있는지, 주변의 인간관계들을 쫙 적어보면 어떤 생각이나 감정들이 떠오를 거거든요. 또 한편 '이렇게 됐으면 좋겠다' 하는 어떤 바람이 생길 수 있을 것 같아요. 그래서 그냥 자유롭게 생각나는 대로 한두 단락 정도 메모를 해오시면 좋을 것 같아요.

예컨대 '내가 이걸 그려보니까 어떤 생각이 든다, 어떤 감정이 든다, 혹은 인간관계를 보니까 너무 일과 관련된 사람들이 집중돼 있는 것 같다.' 등 여러 생각을 살펴보고 와주시면 됩니다. 굳이 이름을 붙이자면 '인간관계 도표'라고 해야 될까요. 그거 좀 하나 그려오시면 좋을 것 같아요.

김 : 네. 재밌을 것 같아요.

전 : 숙제를 너무 많이 내드리는 걸까요?

김 : 네. 조금 많아요. 근데 너무 좋습니다. 재밌어요. (웃음)

전 : 재밌으세요? 다행이에요. 한 주도 건강하게 지내시고 다음 주도 만날날을 기대하고 있겠습니다.

김 : 알겠습니다.

전 : 네. 오늘 고생 많으셨고요. 다음 시간에 또 이어서 대인관계에 대해 좀 더 깊이 얘기 나눠봐요.

김 : 안녕하세요.

전 : 네. 안녕하세요. 잘 지내셨어요?

김 : 네네. 잘 지냈습니다.

전 : 바쁘시죠?

김 : 네. 항상 일은 바쁘기 때문에... (웃음)

전 : 그렇죠. 바쁘신 와중에 조금 재밌는 일이 있으셨을까요?

김 : 저는 일단 이번 주 월화수 휴가였거든요. 오랜만에 부산바다 좀 다녀왔어요. 시원하고 너무 좋더라구요! 회사 동료 몇몇이랑요.

전 : 와! 너무 좋으셨겠습니다.

김 : 이번 주에 좀 바빴던 것 같아요. 사람들을 만나다보니까요.

전 : 회사동료랑 다녀오셨는데 진정한 휴가가 되셨을까요? (웃음)

김 : 네. 괜찮았어요. 나름 편한 사람들이거든요.

전 : 좋은 시간 보내셨네요. 네. 벌써 저희 세 번째 만나게 되는데요. 첫 번째는 번아웃과 회복에 관해 얘기했었고, 두 번째는 나는 누구인

가, 진짜 완벽씨의 모습에 대해서 좀 찾아보려 했구요. 그런 얘기 끝에 대인관계에 관해 얘기하고 지금 세 번째까지 온 것 같아요. 그간에 말씀해 주신 어떤 완벽씨만의 장점으로 꼼꼼함, 완벽함, 예민함, 직설적이고 솔직하고, 집중력 좋고, 순발력 좋고, 배려심 좋고 등 여러 말씀을 해주셨거든요. 그간에 좀 어떤 느낀 점이 있으신지도 궁금해요.

김 : 네. 일단 한 스텝 쉬면서 저를 돌아볼 수 있어서 좋았던 것 같고요. 뭔가 알게 모르게 제가 좀 약간 회피했다고 해야 할까요. 뭔가 좀 미뤄놨던 고민들을 한번 생각해볼 수 있어서 좋았어요. 그리고 또 뭔가 인간관계에 대해서 좀 얘기를 많이 했었잖아요. 요즘 생각하다 보니까 좀 제가 약간 오버씽킹했다는 생각도 좀 들고요.

전 : 그렇군요. 오늘은 완벽씨가 갖고 계신 장점이나 자원, 이 부분을 조금 더 깊이 있게 따져보고 싶거든요. 아까 말씀드린 완벽씨가 말씀하셨던 장점들 이외에 완벽씨가 자신에 대해서 탐색하는 과정을 통해서 발견한 게 있을까요?

김 : 네. 일단은 저번 시간에 과제 같은 걸 내주셨잖아요. 주변 사람들. 깊이 생각은 못 해봤는데 일단은 좀 사회 안에서의 정의되는 나를 빼면 뭔가 별로 생각할 게 없긴 하더라고요. '일'을 아예 하지 않는다, 일에서 완전히 벗어난 나의 상태랄까요. 그 말이 잘 인지가 되질 않아요. 내가 만약 무인도에 가면 나는 뭐 하고 있을까 이렇게 생각도 해봤었거든요. 그랬더니 뭐 만드는 거 있잖아요. 어렸을 때부터 문방구에서 조립하는 로봇 사서 맞추고 했거든요. 꼼짝도 안하고 엄마가 무슨 일 있나 방문을 열어볼 정도로... 자동차, 기차,

집이며 레고 거의 안해본 게 없었을 거에요. 라디오 부셔서 맞춰보고 프린터기 다 까보고요.

전 : 그러니까 만들기, 어렸을 때부터 조립하고 이런 거 참 좋아하셨네요.

김 : 그렇죠. 선풍기도 만들어보고요. 제가 지금 이 직업을 하고 있는 이유도 비슷한 것 같거든요. 지금 이 직업이 당연히 무에서 유를 만드는 직업은 아니지만 사실상 굉장히 적은 리소스로 되게 큰 임팩트나 제품을 만들 수 있는 거라고 생각하거든요. 그 부분이 되게 매력적이구요.

전 : 그렇군요. 그런 만들기 할 때, 보통 어떠한 상태를 경험하는 것 같아요?

김 : 일단 뭐 여러 가지 있을 것 같은데... 일단 제일 중요한 건 재미있는 게 제일 중요한 것 같고요. 저는 그럴 때 재미를 많이 느끼는 것 같아요. 또 몰입하는 거 자체가 즐거워요. 그다음에 오랜 시간 만들었을 때 성취감이나 만족감이 있구요. 당연 친구나 가족들이 "와, 멋있다!"고 해주면 기분이 좋죠!

전 : 그러니까 뭔가 만족감, 성취감, 이렇게 완성했다는 뿌듯함 같은 걸 경험하시는군요.

김 : 또 뭐든 다른 사람이 아주 잘 써주면 좋죠! 알아봐주는 거랑은 조금 다른 거지만, 어디든 필요한 부분에 써주면 너무 좋습니다. 그럼 뭔가 가치 있는 사람같이 느껴지기도 하거든요. 어쨌든 저는 재밌는 게 일순위에요! 그런 걸 할 때 뭔가 도파민 나온다고 할까요?

도파민 중독 아닌가 모르겠어요.

전 : 네. 맞아요. 근데 기질적으로 타고난게 있는건 아닌가 싶기도 해요.

김 : 네. 맞는 것 같아요. 또 일에서도 저만의 색깔을 담은 회사를 만들고 싶기도 해요. 제품이든 기술이든 뭐든. 누구를 따라하는거 말구요. 온전히 저만의 무엇을 창조하고 싶어요. 그 욕구가 정말 강렬한 거 같아요.

전 : 아, 나만의 무엇!

김 : 또 여행갈 때 가이드 있는 코스를 잘 못 가요. 어느 지역에서 유명한 곳을 찍기보다는 거의 오지를 탐험하는 걸 즐기는 편이에요. 코로나 전에 일본을 다녀 왔었는데요. 여러 번 갔지만 진짜 신기한데를 많이 갔어요. 좀 유명하지 않은 산이나 이런 데를 갔는데 너무 멋있는 거에요. 인공적이지 않은 약간 자연적으로 형성된 지대랄까요. 그런 걸 되게 좋아하거든요. 애들처럼 핫스팟 막 찍어 올리기보다 보정하지 않은 사진 몇 장 찍고 눈에 담아와요.

전 : 그러니까 자연 친화적인 그런 면도 있으시네요.

김 : 나중에 노인되면 좋은 풍경 보이는 자리 잡아 집 짓고 싶어요. 뭐 만들다가 갑자기 '풍경이 좋아 보인다.' 하면 계속 누워서 하염없이 (풍경을) 바라보면 좋겠어요.

전 : 저도 랜드마크는 별로 좋아하지 않는 거 같아요.

김 : 네. 근데 가서 한번 볼만은 하죠. 역사책에 나오는 곳 직접 보는 거

니까요. 피라미드, 노트르담 성당 다 멋지더라구요. 뭐 그런 느낌 정도? 보면 신기하고 좋다는 생각이 들긴 하지만 뭐 그 정도인 거 같구요. 한편 성당 앞에서 뭐 파는 사람들 보면 '아, 이런 걸로 먹고 사는구나.' 약간 이런 생각도 들죠.

전 : 맞아요. 일단 여행의 예를 들어주시니까 완벽씨의 취향을 더 잘 알 수 있는 거 같아요.

김 : 네. 만약 제가 지구상에 혼자 살고 있다고 상상해 봤어요. 아마 지구상에 존재하는 모든 걸 다 발굴하러 다녔을 것 같아요.

전 : 정말요? 왜요?

김 : 저는 좀 경험을 통해서 뭔가 풍부해지는 거를 좋아하거든요. 자극 추구형 인간인지. 뭔가 새로운 걸 경험하고 다른 문화권이나 이런 걸 체험해 보구요. 다 직접 제 눈으로 확인해보고 싶은 거죠. 이걸 통해 다른 사람들의 생각이나 문화를 이해할 수도 있구요. 그다음에 그런 것들이 결국에 모여서 뭔가 생각도 유연하게 할 수 있는 거 같구요. 결국 내 삶과 경험 모든 것들을 통해 상상력이 좋아지고 내면이 풍부해진다고 생각해요. 그런 걸 태생적으로 좋아하는 것 같아요. 뭔가 새로운 거 발견하고 보고 경험하고. 지구에 나 혼자라면 어디로 어떻게 가야 하는지, 지역마다 무엇이 있는지 찾아볼 거 같아요. 아니면 네비게이션 같은 거 만들고 있지 않을까 싶어요. (웃음)

전 : 그러니까 가만히 있지는 않을 거 같아요. (웃음)

김 : 네. 맞아요. 가만히 있지 않을 거예요. 물론 가만히 있는 것도 좋아하긴 하는데 대부분은 그렇지 않죠. 여행 스타일도 계획을 세우진 않거든요. 엄청 빡빡하게 돌아다녀요. 보통 비행기나 숙소 정도만 예약하고 좀 즉흥적으로 돌아다니는 것 같아요. 그러니까 그날 좀 컨디션이 안 좋으면 좀 오후 늦게까지 자고, 일어나서 어디 갈까 뒤져보다가 좀 즉흥적으로 가고싶은 데 생기면 가는 거죠. 마치 원주민인 거처럼 그들의 라이프스타일을 따라가 보기도 하고요. 도서관에 종일 앉아 있다든지, 퇴근하는 인파에 밀려 지하철을 타본다든지 그런 일들 다 재밌거든요.

전 : 너무 재밌는데요? 그 부분은 저와 스타일이 비슷한 거 같아요. 저도 어디 여행 가서 재미있으면 하루 더 놀다 오기도 하고 그런 편이에요. 시간이 되면요. (웃음)

김 : 아, 그리고 저는 지하철 가끔 타거든요. 사람들 표정도 관찰하고 어떻게 행동하는지 좀 관찰해 보거든요. '왜, 저 사람들은 대부분 폰에서 눈을 떼지 못할까?', '저 사람은 왜 대중교통에서 무얼 꺼내 먹지?' 뭐 이런 게 재밌어요.

전 : 관찰이라...

김 : 그런 것들 정말 좋아하는 것 같아요. 결국엔 사람들의 문화와 그런 행동 양식들을 좀 이해해 보고 싶은 거죠. 느껴보고 싶은 거죠. 이 사람들은 왜 이렇게 행동할까 뭔가 이 사람들은 어떻게 생각하는지 약간 이런 것들. 언제 한번 운전을 하고 길을 가는데 앞에 박스를 담고 힘겹게 밀고 가는 할아버지 한 분이 계셨어요. 어떤 운전

자는 살살 비켜주는데 어떤 사람은 빵빵대고 난리를 치더군요. 왜 동일한 장면을 보고 저렇게 다른 반응을 할까 뭐 그런 쓰잘데기 없는 생각...

전 : (인간) 행동에 관심이 많으시네요. 사람에 관심도 많고 행동 양식에 관심이 많고 문화에도. 어떻게 보면 관심의 범위가 굉장히 넓어요. 그렇죠?

김 : 맞아요.

전 : 듣기만 해도 재미있습니다.

김 : 전 혼자 살아도 심심하지 않을 것 같아요.

전 : 계속 움직이고 계세요. (웃음)

김 : 네.

전 : 지금 얘기 나누면서 어떤 생각 드셨어요?

김 : 이제 좀 뭐랄까. 나름 지구상에 혼자서 열심히 하는 것도 재밌을 것 같기는 한데. 이제 좀 들었던 생각이 좀 심심하진 않지만 좀 외로울 수 있겠다?

전 : 어떤 면에서?

김 : 예를 들면 지구상에 마을을 만든다고 하면 혼자 만드는 것도 재밌지만 뭔가 베프 같은 사람들이 있어가지고 같이 만들면 재밌잖아요. 예를 들면 저는 집을 녹색으로 칠했지만 다른 사람은 노랑으로

칠하고 싶을 수도 있구요. 아니면 난 이층집으로 하여 지붕을 더 솟구치는 형태로 만들고 싶지만 다른 사람은 지붕을 더 좋은 방법으로 만들 수도 있을 거잖아요. 의견을 모으면 재밌잖아요. 누가 그러더라구요. 사람이 한 명 이상만 모이면 반드시 뭔가 배울 건 있다. 아무리 안 좋은 사람이라도 배울 점은 있으니까요. 혼자라면 좀 그런 게 좀 아쉬울 것 같다는 생각이 조금은 들어요.

전 : 네. 어떤 의식의 흐름일 수 있죠. 이렇게 생각한 데 어떤 의도적인 동기가 있으실까요? 지난 과제(나는 누구인가), 어떠셨어요?

김 : 그때 문제를 내주셨을 때 약간 사회적 관계를 배제하라고 하셔서 그렇게 한정 지어서 생각해 봤어요.

전 : 그래요. 그 전제하에 완벽씨가 어떤 사람인지에 관해 정리해볼 수 있을까요? 현재 시점에서.

김 : 너무 어려운 질문인데요?

전 : 이 질문에 관해 아무도 명쾌하게 답을 하지 못합니다. 그저 현재 시점에서 완벽씨가 생각하는 완벽씨의 모습은 어떠한 듯해요? 사회적인 위치와 역할을 조금 내려놓고 볼 수도 있고요.

김 : 약간 나를 한 문장으로 표현한다면... 뭐라 할까?

전 : 비유도 좋고, 조금 글자 수 많게 설명해주셔도 좋아요. 제가 질문하고도 되게 어려운 질문인 것 같아요.

김 : 네. 그냥 바로 떠오르는 거는... 뭐 진짜 이런 거에 좀 안 맞을 수

도 있고 좋은 답변이 아닐 수도 있는데... 그냥 좀 첫 번째 세션인가 두 번째 세션에서 많이 좀 얘기했었던 거에요. 결국에는 좀 뭔가 뭐랄까. 그 사회에 뭔가 기여(contributiion)하는 사람이 되고 싶어요. 사회에 뭔가 조금이라고 이바지할 수 있는 사람인 거죠. 본질적인 저를 표현하기엔 좋은 답변이 아닐까요?

전 : 좋고 나쁜 건 없어요. '사회에 무언가 기여할 수 있는 사람이 되고 싶다.' 그게 완벽씨의 일부가 되는 게 맞죠?! 이게 완벽씨한테 굉장히 중요한 단어네요. 여러 차례 얘기되는 걸 보니.

김 : 뭔가 전에 말씀드렸듯이 뭔가 발견하고 경험을 쌓은 거라든지, 아까 제가 말씀드렸던 만드는 역할, 뭔가 메이커의 역할을 한다는 거. 이 모든 것의 종합체로 창조적인 저만의 무엇을 발현시키려고 하는 거 같아요.

전 : 네. 근데 궁금한 점은 사회에 기여한다는 것도 세부적으로는 가치관에 따라 그 목표가 다를 거 같거든요. 티비에 나온 몇몇처럼 몇백 억을 기부하여 경제적으로 기여를 할 수도 있고... 어떤 무형의 지식을 나눌 수도 있구요. 완벽씨만의 사회적 기여에 대한 보다 구체적인 동기나 신념 같은 게 있으실까요?

김 : 일단은 제가 아까 그 뭔가를 만드는 것 자체도 재밌지만 그거를 사람들이 쓰고 좋아하는 게 더 좋다고 그랬었잖아요. 그런 측면에서 봤을 때 개발을 하고 제품이나 서비스를 만들어 돈을 버는 것도 중요하겠지만. 사회적으로 뭔가 돈을 축적하는 방법도 여러 가지가 있을 텐데... 누군가는 무언가 잃고 누군가는 돈을 버는 방식으

로 부를 축적하는 방법이 있고, 또 한가지는 서로 윈윈할 수 있는 방향으로 돈을 버는 방법도 있을 거 같아요. 저는 전자로 돈을 버는 건 아무런 의미가 없다고 생각하고 후자로 돈을 벌어야 된다고 생각하거든요. 그게 뭔가 사회적인 뭔가가 더 좋아지고 발전하는 방향인 거잖아요. 그리고 우리는 그 발전의 혜택을 항상 받고 살고 있으니까요. 저는 그게 너무 재밌고 즐겁죠. 그게 제가 하고 싶은 방향이에요. 그럴 때 좀 재미를 느끼는 것 같고 뭔가 메이커의 정수인 것 같아요. 나중에 사람들이 뭔가 이런 걸 쓰면서 '너무 재밌네, 너무 좋아.'라고 느끼면 너무 좋겠죠?

전 : 완벽씨의 정체성이 굉장히 명확해 보여요.

김 : 당연히 잘 되면 좋죠. 뭐 항상 돈이 따라오는 건 아니지만... 대체로 돈은 따라올 수 있을 것 같구요. 돈이 따라오더라도 저 혼자만 쓰기 보다는 나중에 뭐랄까 벤처 기업을 발굴하고 그 기업에 투자를 하여 수익을 내는 직업을 할 수도 있구요. 뭐 기회가 된다면 제가 나온 학교에 찾아가서 저와 같은 길을 걷기 원하는 학생들한테 직업 얘기도 들려주고... 뭐 관련된 교육도 할 수 있으면 좋구요. 아니면 대학이나 기업에 초빙되어 가끔 특강도 하면 재미있을 거 같구요. 저는 이런 걸 환원이라고 생각하고 있거든요. 애들 얘기를 통해 또 엄청 재밌는 것들이 막 나올 것 같구요. 열심히 해야겠어요. (웃음)

전 : 그러니까 진짜 너무 할 것이 많네요. 뭔가 완벽씨가 갖고 있는 관심 대상이 무엇인지 보다 명확하게 느껴져요. 굉장히 정체성이 명확하고. 에너지가 굉장히 다이내믹하게 느껴져서 그 분야에서 지

속적으로 잘하실 수 있을 것 같아요.

김 : 네. 뭐랄까... 그러니까 중고등학교 때는 대학이 목표가 맞아요. 보통 대부분 그렇잖아요. 그다음에 대학 가면 취업이 목표고 그다음에 취업을 하면, 사람에 따라 다르겠지만 결혼 이런 게 다 단계별로 생기잖아요. 사회적으로 이런 스텝들이 다 있는데 그다음은 그러면 뭐지? 그다음엔 뭘 하나? 뭐 이런 생각? 주변에 보면 애를 낳고. 물론 되게 훌륭한 일이고 힘든 일이죠. 하지만 약간 삶에 다들 뭔가 매몰되는 느낌이랄까요? 너무 힘들고 돈도 벌어야 되고, 막 애 키우는 데 돈도 많이 든다고 하고. 뭔가 부모로서 헌신해야 되는 그런 모습들이 많잖아요. 어쨌든 살면서 계속 목표를 이루면 또 다른 작은 목표들이 생기는 거 같아요. 그 목표 아래에서 해야 할 수 있는 일들이 너무 많고 다양하구요. 어쨌든 그렇게 가치관이나 삶의 목표를 잡고 나니까 갑자기 엄청 많은 걸 하고 싶은 거 같다는 생각이 들긴 합니다.

전 : 저는 그 완벽씨가 갖고 계신 그 생각을 전폭 지지하는 입장이에요. 물론 저마다 가치관에 따라 삶의 가치와 목표가 다르겠죠. 하지만 뭔가 리더자의 위치에서는 굉장히 중요한 요소인 것 같아요. 이미 충분히 지금까지 해오신 것들이 있고 완벽씨의 성향 자체가 그런 일들을 되게 잘하실 것 같아요. 관심 분야가 넓고 계속 무엇인가 노력하고 움직이고 계시구요. 다이내믹하게 성향 자체가 그것을 굉장히 즐겁게 하시니까 좋은 거 같습니다. 그리고 대인관계에서도 고민했던 부분들이 사실은 일에 굉장히 관심이 높다 보니까 생기는 일일 수 있다고 봐요. SNS와 카톡과 같은 작은 스몰토크에

대해서 크게 가치 부여를 하지 못하는 거죠. 사람을 만나는 거에 대해서도 충분히 그럴 수 있을 것 같아요. 말씀하신 것처럼 에너지 총량의 법칙 그게 있는지 없는지 잘 모르겠지만은 어쨌든지 인간이 하루에 쓸 수 있는 에너지는 한정된 게 아닐까요?

김: 음...

전 : 완벽씨의 관심 분야가 굉장히 거기에 좀 몰입돼 있다 보니 그거 이외의 것들은 사실 관심이 좀 덜 갈 수밖에 없죠. 다 가질 수는 없는 것 같고. 일단 일 부분에 대해서 정수를 찍고 싶다고 하셨잖아요. 그걸 꼭 언젠가 보고 싶습니다. 완벽씨는 어떤 완벽씨만의 굉장한 긍정성 같은 게 있어요. 뭐라고 표현해야 될지 모르겠는데 완벽씨만의 어떤 색깔이랄까? 고유한 어떤 성향을 갖고 계신 게 있어요. 그래서 저는 이 강점들을 좀 극대화시켜가지고 지금 하고 싶은 일에 대해서 어떤 성과를 더 낼 수 있으셨으면 해요. 그 분야에 대해서는 잘 모르지만 어쨌든지 더 파워업시킬 수 있는 방법이 있을지, 생각해보신 적이 있으신지도 조금 궁금해지네요.

김 : 스위칭 컨택이라는 게 있어요. 프로세스가 CPU를 사용 중인 상태에서 뭔가 방해요소들을 최소화하고 좀 몰입할 수 있는 시간을 만드는 거죠. 결국에 회사에서 일하다 보면 여러 요청도 받고 그러는데요. 여러 가지 사정으로 인해서 뭔가 다양한 일들을 좀 병렬로 진행해야 하잖아요. 뭐 여러 가지 돌아가다 보니 뇌도 과열되고 이런 순간들이 있는데요. 결국 스트레스 관리가 필요한 거죠. 또 뭔가 소통이나 인간관계를 좀 원활하게 잘하면 좋고. 그래야 좀 인지부화를 줄일 수 있잖아요. 불필요한 스트레스를 줄이고. 뭐 여러

가지 원만하게 잘 굴러가게끔 하는거죠. 어렵죠.

전 : 그렇군요. 구체적으로 어떻게 해야 될까요? 어떤 예가 있을까요?

김 : 좀 몇 가지 시도해 보긴 했거든요. 일단 물리적인 방법이 있어요. 가장 쉽게는 라인이나 톡을 끄는 거죠. 메신저를 꺼버려요. 엄청난 자극들이 오잖아요. 불필요한 대화 채팅방은 나가구요. 컴 카톡도 오프해 두는 거죠. 가끔 인터넷 서핑하면 정신을 못 차리고 보잖아요. 정신 못차리고 몇 번 클릭하면 어느새 카드값은 오버되고. 가끔 친구들 사이에서 내가 뭔가 거기 접촉이 안되면 좀 불안하고 그런거도 있긴 한데요. 뭐 대부분 아무 일이 없죠.

전 : 맞아요. 현대 사회의 불필요하고 과도한 정보...

김 : 아, 그게 결국 에너지 레벨 맞추려고 하는 거거든요. 체력이 그렇게 좋지도 못하고. 잠을 안자고 할 수 있는 상태까지는 못가거든요. 그러다 보니 결국 최대한 의도적으로 조절하는 거죠. 물리적인 방법이든 의지든 말입니다. 가끔 몰입 시간이 길다보니 하루씩 종일 멍 때릴 때가 있어요. 그냥 아무것도 안하는거죠. 내리 자거나 누워있거나 그런 날이 저는 가끔 필요하더라구요. 그럼 좀 충전이 되죠. 뇌를 쓰는 직업이라 그런지 에너지가 충전되지 않으면 좀 파워풀하게 치고 나가기 힘들어요. 물론 뭐, 의무적인 일이야 하지만 벅차죠.

전 : 어떻게 보면 완벽씨가 일상에서 하고 계신 방법이고, 또 앞으로도 할 수 있는 방법이 있긴 하네요. 뭐 좀 세련된 방법을 찾으셨을 수도 있지만 전 그렇게 많지는 않을 거 같아요. 이 정도 설명할 수

있다면 충분하지 않을까 싶어요. 자기 관리를 해나가는 그런 부분 충분해 보입니다.

김 : 아, 좀 다행스러운 것이. 같은 팀 회사 동료들도 좀 비슷한 성향이세요. 가끔 이런 얘기들을 나누거든요. 비슷한 방법을 쓰고 있기도 하구요. 그렇게 얘기를 나눌 수 있는 사람들이 있는 게 행운이기도 해요.

전 : 네. 맞습니다. 말씀해주신 건 어떤 외부의 요소들에 대한 차단인 거고. 어떻게 보면 완벽씨 심리 내부에서 어떤 도움이 될 만한 요소들을 찾는 거죠.

김 : 맞아요.

전 : 또 심리적으로 도움이 될 만한 어떤 게 있으실까요?

김 : 심리적인 건지는 잘 모르겠는데 제가 되게 좋아하는 여행채널이 있어요. 외국애가 하는 노매토즘(가명)이라는 여행프로거든요. 말씀 드린 거처럼 인지도 있는 장소보다는 오지를 좋아하는데 그 채널은 제가 보고 싶은 걸 아주 가식 없이 보여주거든요. 편집도 과하게 하지 않다보니 어떻게 생활하는지, 지역 사람들이 무얼 어떻게 먹고 사람들과 어떻게 교류하는지 잘 보여줘요. 너무 재밌죠. 뇌가 풀가동 되고 난 후 보면 뭐랄까 뇌의 태엽이 풀리는 거 같다고 할까요. 좀 릴렉스 되는 거죠.

전 : 오, 진짜요?

김 : 소소하고 행복한 삶의 에너지가 전파돼요. 보고만 있어도 행복하

죠. 언제 댓글 남겨봤어요. '와, 3시간 동안 걸어서 사막에서 주무시는군요. 누워서 편하게 보니까 미안한 마음이 들어요.'라고요. 어쨌든 그게 저만의 즉각적으로 심리를 안정시킬 수 있는 방법인거 같아요. 음... 가끔 요리하는 것도 좋아해요. 간단한 거 시켜서. 제가 만드는 걸 좋아해서 그럴까요? (웃음) 원목 테이블에 정갈하게 혼밥 차리는 거죠. 유부초밥 만들고 가끔 럭셔리한 컵에 아이스 아메리카노 가득 부어 마시면 그만한 게 없죠. 치맥 좋구요. 또 좀 손쉬운 방법으로는 푸쉬해요. 제 방에서요. 컴퓨터 옆에 홈트로 할 수 있게 세팅해뒀거든요. 매달리기도 설치해놔서 몇 개 못하지만 매달려도 보고. 뭐 혼자 방에서 난리를 칩니다. 근력 떨어져서 일 못할까 봐. (웃음) 말하다 보니 엄청 저를 아끼고 있군요.

전 : 와, 저도 해봐야겠어요. 홈트. 자, 그럼 외부적인 요소 말고 완벽씨 심리내면의 자원. 심리사회적 자원이라고 부르는데요. 예를 들면 용기라든지 끈기라든지, 저는 호기심이 많아요. 산만하고요. 산만한게 안 좋게 들릴 수 있겠지만 산만해서 동시다발적으로 여러 일을 하는 게 가능하거든요. 완벽씨 마음에는 어떤 자원들이 있는 것 같아요?

김 : 저는 일단 끈기, 인내심은 있는 것 같아요. 그러니까 어떤 의미냐면. 제가 아직 뭔가 삶에 있어서 엄청난 고난이나 시련을 겪지 못한 걸 수도 있겠지만 어떻게 보면 실패라고 부를 수 있는 것들이 있어왔잖아요. 그럴 때마다 인내하는 편이에요. 약간 좀 다른 얘기인 것 같긴 한데... 뭔가 결국엔 실패도 다 경험이고 자산이 되는 거라고 생각해요. 좀 식상한 말이지만. 항상 뭔가 일을 할 때 실패

란 놈을 안 만날 수가 없더라구요. '결국에는 과정이고 하나씩 하면 된다, 하나씩 하면 되고 이게 다 언젠가는 다 자양분이 될 거다'라고 생각하는 편이에요. 뭐 가끔 당연히 좌절되죠. 기분 나쁘고. 술 마시고 뻗어버릴 때도 많지는 않지만 가끔 있었구요. '에이씨. 세상 xx같다.' 모든 사람들의 출발선을 제로로 세팅해버리고 싶은 좀 그런 공격적이고 비현실적인 생각도 해보죠. 뭐가 잘 안되면요. 근데 또 과정이라고 접근하다 보면 뭔가 좀 끈기가 생기더라구요. 일이 잘 됐든 안됐든. 다른 것들이 됐든 아니든 뭐든 하려고 하는 편인 것 같아요.

전 : 아니, 잠깐만요. 그 생각을 어떻게 갖게 되셨어요? 지금 말씀해 주신 생각은 사실 되게 많은 사람들, 특히 부정적인 사람들이 정말 갖고 싶어 하는 생각이거든요.

김 : 좀 결정적인 계기라고 하면 뭐랄까. 제가 미국에서 학교 다녔잖아요. 중학교를 세 번이나 짧게 옮겨 다녔어요. 음, 뭐랄까. 사춘기 때라 그런지 모르겠지만 잘 적응을 못 했어요. 엄마가 사립에 넣으셨는데... 최고 학교라고 잘되게 하시려고 신경쓰신 거죠. 근데 무지 열등감 느껴지더라구요. 다 잘난 애들이다보니까 뭐하나 내세울 게 없고. 저희집도 뭐 부족한 게 별로 없는거 같은데... 참 거긴 애들 집안이 다 좋더라구요. 다른 세상 같았죠. 어려서 그런지. 그게 제가 처음으로 경험했던 큰 시련이었어요. 견디기 어려웠죠. 저는 자존심도 세서 그룹에서 좀 상위레벨에 있어야 마음이 편하고 신나거든요. 단적으로 예를 들었지만 결국 인생사도 똑같은 것 같더라구요. 그러니까 안 풀리는 문제들도 갑자기 샤워하고 나면 풀

릴 때도 있구요. 정말 혼자 끙끙 앓았지만 갑자기 풀리는 때도 있더라구요. 반대로 정말 쉽게 해결할 수 있다고 생각했는데 너무 어렵고 안 풀렸던 경험들도 있고 하잖아요. 그렇게 학교 옮겨다니면서 마음이 좀 단단해진거 같아요. 그땐 정말 모든 게 싫었는데 학교를 옮긴다고 해결되는 일은 아니더라구요. 결국에는 내가 한 스텝씩 하다 보면 해결될 거고. 그렇지 않더라도 상황의 문제이거나 타이밍의 문제일 수도 있다. 약간 이런 생각이 최근에 갑자기 들긴 했어요. '왜 이렇지, 왜 이렇지.' 하다가 결국 내린 결론은 그거였거든요. 결국엔 다 배움의 과정이고 하나씩 하다 보면 괜찮아진다? 안 되면 어쩔 수 없고. 다른 거 하면 되고. 이렇게 계속 얘기를 하다 보니까 뭔가 정신 승리일 수도 있죠. 되면 좋고 아니면 말고 뭐 이런 식인 거죠.

전 : 음, 뭐라고 할까. 약간 젊은 층에서는 보기 드문... 어찌보면 성찰하기가 어려울 수도 있는 그런 내용인 것 같아요. 물론 제 생각이지만요. 이 내용 자체가 어느 정도 좀 성찰이 된 이후에 말할 수 있는게 아닌가... 어떻게 이렇게 생각을 할 수 있을까 이런 생각이 드네요. 좀 뭐라 그럴까. 많은 고민을 통해서 나온 생각같이 느껴지거든요. 어떻게 보면 다양한 경험들을 토대로 이런 것이 가능하지 않을까 이런 생각도 들고요.

김 : 네. 아마도. 말씀하신 대로 누군가가 "그냥 하면 돼. 언젠가 될 거야."라고 말했다면 전 공감하지 못했을 것 같아요. 다른 사람들의 조언을 별로 좋아하지 않으니까요. 다른 사람의 말과 지금 제가 느꼈던 생각이랑은 조금 무게가 다른 것 같긴 해요.

전 : 그러니까요. 두 개가 다르군요. 어쨌든 끈기, 이거 참 되게 정말로 좋은 자원 맞습니다. 또 어떤 자원이 있을까요?

김 : 또 뭐가 있을까요? 근데 너무 약간 좀 뭐라 그래야 되지... 좀 되게 극찬으로 느껴졌습니다. 약간 쑥스럽네요.

전 : 조금 낯간지러우시죠. 극찬은 아니에요. 그냥 제가 느낀 점? 또 어떤 거 있어요? 발굴과 연관된 게 있을 수도 있을거 같구요. 스펙트럼이 넓은 게 굉장히 큰 장점인 것 같거든요.

김 : 맞아요. 호기심. 좀 걱정이긴 하거든요. 제가 하고 싶었던 일인데요. 얼마 전에 한 싱가폴 대학에서 제 직업과 관련해서 멘토멘티 요청이 왔어요. 회사로 들어온 건데 제가 나가게 됐어요. 그들에게 무엇을 얘기해줘야 할까 뭐 이런. 약간 짧은 강연 같은 거예요. 또 안해본거니까. 조금 앞서 직업을 가졌단 이유로 뭘 말할 수 있을까 그런 고민이 좀 되더라고요. 재밌게 잘할 수 있을까 결국엔 그게 제일 큰 목표일 것 같거든요. 후배들이 듣고 '너무 멋있어서 나도 하고 싶다.' 그 생각을 들게 하는 게 목표인데 그걸 어떻게 표현할지 고민이에요.

전 : (안 해본 걸 하는 건) 좋은 기회인데요.

김 : 네. 맞아요.

전 : 일단 관심이 있는 학생들을 만나는거니 플랜 잘 짜가지고 가셔야 되겠네요. 그렇죠? 재밌게. 약간 부담일 수 있겠으나.

김 : 그렇죠. 근데 제가 봤을 때는 그런 걸 할 때도 되게 재밌나 봐요. 언제 우연히 길 가다 인터뷰를 해달라는 거에요. 무슨 프로였거든

요. 미국에 살 때. 그때 저는 생각나는 거 막 말한 건데 애들이 재밌다고 하더라구요. 약간 부끄러웠지만 뭔가 누군가에게 영감을 주고 그 사람들이 성장할 수 있을 때 보람을 많이 느끼는 것 같아요.

전 : 그렇군요. 삶의 목적 자체가 사회적인 기여나 이런 부분에 관심이 또 있으시니까요. 완벽씨가 배운 지식이나 경험 이것을 좀 후배들에게 생생하게 전달해주시면 그 자체로 의미 있지 않을까 싶어요. 후배들이 이 사회와 상생할 수 있도록. 단어들이 충분히 나온 것 같아요. 꼼꼼하고 완벽한 게 스트레스로 작동 안 하기는 어렵겠지만 뭔가 일하는 데에서 굉장히 중요한 강점이 됐을 것 같구요. 예민한 것도 어린 시절에는 냄새나 이런 거에 민감하게 반응을 더 했다면 시간이 지나면서 점점 나아졌고. 그런 부분이 완벽씨의 커리어에서 굉장히 어떤 자원으로 활용될 수가 있을 것 같아요. 솔직하고 직설적이고 이런 부분은 대화에서 완벽씨가 가지신 좋은 특징이라고 느껴졌고요. 그리고 집중력, 끈기 다 연결된 것 같아요. 기본기라고 그러잖아요. 완벽씨가 좀 일에 집중할 수 있는 기본적인 능력을 갖추신거 같고 순발력이나 배려심 이런 부분들도 있으세요. 한마디로 너무나 재능이 많으시다고 할까요. 정말 발전 가능성이 많아 보이는 완벽씨를 제가 만난 것 같아요. 진지하게 만나주셔서 감사했고요. 그래서 참 반가웠습니다. 이 짧은 시간에 완벽씨 자신에 대해서 굉장히 깊이 바라볼 수 있었던 거 같아요. 마치 퍼즐 조각처럼 파헤친 것 같은 그런 느낌도 드셨을 수 있는데 어떠셨는지 궁금합니다.

김 : 제가 뭔가 회피하거나 약간 미뤄뒀던 그런 것들을 생각할 수 있어서 좋았어요. 그리고 제가 가진 자원들, 장점들 이런 것들 정리해볼 수 있어서 좋았던 것 같아요. 좀 결국에는 장점은 보완하고 계

속 강화시키고 단점이나 이런 것들은 없앨 수는 없겠지만 장점으로 보완하거나 좀 나은 방향으로 가져가는 게 중요한 거잖아요. 그런 것들을 좀 다시 확인할 수 있어서 좋았던 것 같아요.

전 : 네. 벌써 점심시간이네요. 정말 진지하게 관심을 보여주시니까 참 감사했구요. 완벽씨가 자기 마음에 관심을 갖고 뭔가 성장이나 발전, 인간관계에 대해서 진지하게 고민하는 모습이 참 인상적이었어요. 좀 더 나은 방향을 찾아나가는 것도 그 자체가 되게 인상적이었었어요. 어쨌든지 굉장한 어떤 잠재력을 품고 계신 분 같다. 물론 저의 감이라서 맞는지 틀릴지는 모르겠습니다. (웃음) 그걸 언젠가 꼭 보여주셨으면 좋겠단 생각을 해봅니다. 끝내려니 너무 아쉽네요. 아쉬운데 이제 더 이상 할 건 없습니다. (웃음) 건강하게 잘 지내세요. 지금처럼 굉장히 많은 후배들한테 영감을 주시고 또 앞으로 사회적으로 할 수 있는 일들을 많이 찾고 영역을 넓혀 가셨으면 좋겠다는 생각이 들어요. 끝나니까 좋으시죠? (웃음)

김 : 조금 더 하면 재밌을 것 같은데...

전 : 이제 또 마음 아프신 분들 만나야죠. 그렇죠? 일하시면서 쉼표도 잘 찍으시고요.

김 : 네. 나중에 꼭 또 다시 뵙는 걸로요.

전 : 네. 감사합니다.

세 번째 김씨 이야기
"왜 열정을 되찾고 싶으세요?"

김열정, 28세, 남, 패션광고 기획자 및 감독

저는 올해 28세 김열정입니다. 패션업계 최고의 회사인 프랑스 마르세통(가명) 아세요? 그 회사 한국지사에서 패션감독으로 근무하고 있습니다. 뭐, 자랑스럽죠?! 세계적으로 인지도 있는 회사이고 사람들이 좋게 봐주니까요. 가족은 부모님, 누나 두 명, 남동생 한 명이 있어요. 사남매에요. 무지 많죠? 큰 누나는 동네에서 슈퍼를 하구요, 작은 누나는 동사무소에서 일하세요. 공무원이죠. 그리고 남동생은 일찍 제주도에 내려가 농사를 짓고 있어요. 그런 게 좋다나요? 월동무 같은 거 키워 팔고 그래요. 한 삼 년 된 거 같아요. 다 싱글이라 부모님께서 걱정하시죠. 언제 시집장가 가냐구요. 요즘 애들 거의 한둘인데. 한마디로 집에 자원이 없었죠. 요즘 유행하는 금수저의 반대 흙수저입니다. 아무것도 없다고 해야 할까. 돈뿐만 아니라 정서적인 부분도 결핍된 듯 하구요. 부모님은 노점상을 운영하실 정도로 가난했고, 저희 집은 아무것도 없어요. 진로요? 무슨 꿈을 꾸기에는 너무 자원이 없는 느낌이랄까요. 꿈이요? 저에게 사치스러운 게 아닐까라고 오랫동안 생각했죠. 지금은 아니지만.

제가 운이 좋았나봐요. 패션 홍보영상도 찍고 기획도 하고 감독자이기도 한데요. 아, 모르겠습니다. 번아웃이 심하게 와가지구요. 일단은 일에 대한 의욕이 좀 많이 줄어들었어요. 사람들한테 사기를 당한 이후로 그렇게 된 건지 어쩐 건지. 요즘 혼란스러워요. 나이 들어 뭐하고 싶냐구요? 아, 그냥 회사는 절대 다니기 싫죠. 셀프워시 세차장 어떨까 싶어요. 요즘 유행이던데. 카페든 뭐 그런 거 하고 좀 여유 있게 살고 싶습니다. 살 만큼만 돈 들어오면 만족하지 않을까요? 뭐 가정사는 그렇고. 요즘 번아웃이 와서요. 사람들 다 그러고 살겠죠?! 이번이 처음도 아니긴 한데요. 그래도 좀 심각한 거 같아 여기

왔어요. 예전부터 심리에 관심도 있긴 했는데... 제 마음에 관해 좀 객관적인 평가를 받아본 적도 없고 해서요. 이번 기회에 전문가 만나보면 인생 뭐 좀 달라질 수 있을까 살짝 그런 기대 정도?! 큰 기대는 없습니다.

김 : 안녕하세요.

전 : 네. 저는 전주람이라고 합니다. 지난번 심리평가 검사 결과 대략 봤고요. 어떤 것 때문에 상담 신청했는지도 궁금하고 오늘은 편하게 이런저런 얘기를 좀 했으면 좋겠거든요. 일단 상담 받아보신 적 있으세요?

김 : 아뇨. 처음이에요. 처음.

전 : 그렇군요. 이렇게 신청하신 동기가 있으실까요?

김 : 일단은 일에 대한 의욕이 좀 많이 줄어가지고요. 번아웃이라고 하잖아요. 모든 게 땅으로 꺼지는 느낌. 뭐가 좀 하고 싶고 해야 하는데 그런 게 싹 없어지더라구요.

전 : 네. 그렇군요.

김 : 그런 것 때문에 한 1년 전부터 좀 고생을 많이 했거든요. 한 1-2년 전부터 나름 극복을 했다고 생각했는데요. 일을 하다가도 힘들고 그래요. 이것들이 계속 반복되다 보니까 한번 좀 전문적인 상담을 받아보고 싶다라는 생각이 항상 생기더라구요.

전 : 그렇군요. 몇 년 정도 근무하셨어요?

152

김 : 여기서는 얼마 안 됐는데요. 저는 패션 홍보영상을 만들고 기획도 하고 감독 역할도 해요. 영상 만드는 일은 한 5-6년 했나봐요. 몰빵하다 보니까 좀 힘들어요.

전 : 네. 그렇군요.

김 : 일하기 전 학교 다닐 때도 열심히 살았거든요. 모범생으로 공부도 잘하는 편이었어요. 뭘 하면 완벽하게 하는 성질이 있어 가지구요. 그렇게 한 5-6년을 하니까 좀 지치더라구요. 프랑스 본사 회사에 잠깐 있을 때 너무 신나고 좋았거든요. 마르세유 궁전도 직접 가보고. 물론 처음이라 신기했겠죠? 길거리도 구경하고, 새로운 사람들도 만나고 거긴 또 커피가 에스프레소 좋잖아요. 그 향도 너무 깊고, 가끔 그리워요. 밤거리도 반짝반짝 건물들이 참 운치 있고 예쁘거든요. 근데 한국지사로 오면서 거기에 있을 때보다 성과가 안 나오는 거 같기도 하구요. 좀 영상 만드는 게 지루해지고 좀 지치더라고요.

전 : 그러셨군요. 어느 일이나 마찬가지겠지만 일에 대한 동기가 떨어지고 그럴 때가 있죠. 뭔가 그랬을 때 어떤 식으로 대처하는 편이에요?

김 : 음... 했던 많은 방법들 중에 뭐가 있더라... 하다 못해서 약국에서 파는 우울감 약들도 있더라고요. 그런 것도 한 번은 먹어본 적이 있었는데... 근데 이건 좀 제일 심했을 때이구요. 보통은 그냥 빠르게 성취할 수 있는걸 찾으려고 해요. 성취감을 찾으려고 막 이것저것 기웃거렸던 것 같아요. 쉽게 말하면 그냥 게임인 거죠. 게임 같

은 경우에는 즉각적인 게 있으니까요. 주로 액션 같은 단순한 게임에 집중하는 편이에요.

전 : 네. 그렇군요. 방법이 없진 않군요.

김 : 그러다 보면 좀 낫긴 한데요. 근본적인 해결책은 안 되는 거 같아요. 실제 외주로 일이 들어와도 뭔가 막상 손에 안 잡히고 그렇죠. 계속 미뤄지고요. 그러면 즉각적인 성취를 찾으려고 그래요. 그러다가 조금 나름대로 아이디어를 짜내고 영상을 만들고 하긴 하는데요... '에이! 그만둬야겠다.'라고 생각한 적도 있구요. 언젠가는 잠이 안 와서 한번 일기를 좀 쓴 적도 몇 번 있고요. 왜 그럴까, 감정의 이유를 좀 찾으려고 노력하는 편인 것 같긴 합니다. 그만두려고 했을 때를 보면 제 개인적인 실력보다도 사회적으로 인정을 좀 못 받을 때랄까요. 그럴 땐 약간 현실적으로 실력만 좋아봐야 뭐하나 그런 생각이 들죠. 회사에서 사기를 당했던 사건도 큰 충격이었구요. 아무튼 일기도 좀 쓰고 그래요. 머릿속 뇌 구조 그리는 거 있잖아요. 그런 것도 막 해보고 그랬던 것 같아요. 한 유튜버 뇌과학자가 알려줬던 건데 오래 기억이 남더라구요.

전 : 그러니까 굉장히 적극적인 느낌입니다. 일기도 써보고, 약국도 가보고 그런 것들이요. 뭔가 성취할 수 있는 것을 찾는 것도 그렇구요. 뭐든 적극적으로 찾아나가는 편이네요. 약을 사 먹는 행위도 결국 어떻게 보면 뭔가 찾아서 지금보다 더 나은 상태로 가려고 하는 거니까요.

김 : 네. 적극적인 편이에요.

154

전 : 여기 MMPI검사 결과에서 나온 것 중에 하나는 굉장히 내향적인 성향이 있어 보이거든요. 그렇다 보니 사람들 만나는 것보다는 혼자 있거나 그런 게 더 편안할 수도 있어 보이구요. 책임감도 강하게 나타나고 그렇거든요. 그리고 문장 완성 검사에 보니까 지금은 회사를 다니지만 셀프워시 세차장이나 카페 그런 거 하고 싶고. 무인카페면 더 좋다고요? 인건비 절감도 되니... 그러니까 좀 자유로운 직업을 원하시는 거 같구요. 라이프 스타일이 자유로울 수 있는 직업들이 좀 성격적으로도 맞지 않을까 그런 예측도 해봤습니다. 지금 일은 회사에 맞추는 거다보니 좀 스트레스를 받는 부분도 있지 않을까 그런 생각도 들고요. 뭔가 회사라는 데가 그렇잖아요. 모든 직업이 스트레스가 있겠지만 뭔가 자신의 성향이랑 맞지 않았을 때 스트레스가 더 오잖아요. 성격과 지금 일하는 어떤 환경이 잘 맞지 않을 때. 저도 자유로운 편이라서 아침부터 정해진 일을 하는건 좀 불편하거든요. 근무 체제 이런 것들을 스스로 평가해 봤을 때 어떻게 적응하고 조절해 나가고 있는지 궁금해요. 어떤 부분이 힘들고 어떤 부분은 괜찮고 그런지 말입니다. 일에 있어서, 열정님 성향이 어떤 부분에서 좋고 어떤 부분에서는 좀 안 좋다고 생각하는지?

김 : 네. 저는 광고 영상을 기획하고 찍고 편집하는 것 자체는 너무 잘 맞아요. 상상하는 게 재밌어요. 머릿속으로 상상하고 뭔가 만들고 하는 것들이 신나죠. 어떻게 보면 뭐랄까. 기존에 없던 요리를 만들어 내는 느낌이랄까요. 근데 이걸 너무 많은 사람들이랑 하다 보니까 조율하고 맞춰가는 과정에서 조금 부담감을 많이 느끼는 거 같아요. 광고쪽을 하다 보니까 행사장 같은 데도 가야 하고, '내가

이걸 (이런 방식으로) 찍으면 상대방이 뭐라고 하지 않을까?' 뭐 이런 쓸데없는 걱정도 생기고요. 실제로 저작권이다, 초상권이다 뭐 이런 까다로운 얘기들도 없을 수 없고요. 그런 불쾌한 상황을 만나면 바짝 긴장을 하는 편이거든요. 근데 일에 대한 프라이드는 개인적으로 높다고 생각하거든요. 그래서 제 머릿속으로 그린 이미지, '이거 안 찍으면 진짜 안 된다.' 이런 고집이 있어요. 약간 저를 벼랑 끝으로 모는 느낌이거든요. 어제도 그랬고요. 그러니까 성향상 외부로 나갈 때 제작 과정 자체는 좋지만 외부환경이 좀 힘들어요. 여러 사람을 만나는 상황이랄까요. 처음에 멋진 회사와 협업의 기회가 있었어요. 배우도 정말 멋있더라구요! 훤칠한 키에 카리스마 넘치는 사람이었어요. 남자가 봐도 정말 멋있더라구요. 그런 멋진 사람을 모시고 광고를 찍는 게 너무 좋더라구요. 제가 감독을 했다는 것에 성취를 느끼기도 하잖아요. 큰 성취를 얻고 싶어서 애당초 그걸로 시작을 좀 했던 것 같아요. 제가 어렸을 때는 뭔가 사회적으로 명예나 권위가 있는 부모님이 아니셨어요. 부모님은 노점상을 운영하실 정도로 가난했고, 저희 집은 아무것도 없었죠. 어떤 꿈을 꾸기에는 너무 자원이 없는 느낌이랄까요. 꿈은 저에게 사치스러운 거였죠. 그렇다보니 사회적으로 위축되었던 상황이라서 무얼 좀 이루고자 하는 열망에서 참고 견뎌온 거 같아요.

전 : 그러니까 뭔가 열악한 가정환경에서 일에 대한 굉장한 애착이 생겼을 수도 있을 거 같아요. 물론 적성이 맞는 부분도 있지만, 뭔가 열정씨가 사회적인 인정이나 성취나 이런 부분은 뭔가 좀 어렸을 때부터 갈망했던 거네요? 여기 심리평가 결과에서 열정씨 성향을 보면 뭔가 혼자 하는 게 잘 맞는 거 같아요. 열정씨가 일하는 작업

156

은 구체적으로 어떤지 잘 모르지만 누군가와 조율해야 하는 부분들이 좀 부담일 수도 있을 거 같아요. 또 혼자 상상하고 몰입하는 걸 좋아하다보니 지금 회사라는 환경에서 받는 스트레스가 있을 거 같구요. 그리고 책임감이 강하다 보니 자신을 끝까지 몰아붙이면서까지 뭔가 실행에 옮기는 부분도 있으시네요. 그러니까 한마디로 책임감이 아주 강하신 것 같아요.

김 : 네. 일할 때는 좀 그런 게 심해요.

전 : 그러니까 끝까지 마무리해야 직성이 풀리는 부분도 있는 거 같구요. 우리가 오늘 처음 만났는데 몇 차례 상담하는 동안 어떤 걸 하면 좋을까요? 막연하게나마 생각해보셨던 게 있으실까요?

김 : 가장 큰 거는 진짜 열정이 좀 생겼으면 좋겠어요. 그게 제일 크고, 그다음으로는 약간 좀 부정적으로 생각하는 게 커진 것 같아요. 불안하기도 하고 좀 그런 거라도 해소됐으면 좋겠고요. 예를 들면 상대방이 어떤 조언을 저에게 했을 때 듣기보다는 '막상 당신이 편하려고 하는 거 아니야?' 이런 생각이 좀 많이 들거든요. 생각이 꼬였다고 할까요.

전 : 아, 조금 부정적인 해석이 있네요. 뭐 누구나 생각할 수 있긴 합니다만...

김 : 네. 그래도 좀 자주 그런 거 같아요. 부정적인 쪽으로 해석하는 게요.

전 : 네. 좀 같이 천천히 살펴봐요.

김 : 제가 전에 있던 회사에서 후배한테 사기를 당했거든요. 잘 해결은 됐지만 그때 웃으면서 저를 대했던 후배 얼굴이 가끔 떠올라요. 진짜 믿을만한 후배였거든요. 그래서 빌려준 건데... 먹튀한 거죠. 연락도 안 돼요. 돈 3천 5백만 원. 생각하기도 싫습니다. '사람이 정말 이중적일 수 있구나.' 그런 게 충격이 좀 심했던 거 같아요. 그것도 그렇고 작년에 자동차 새로 샀을 때 어떤 여자랑 부딪혔던 사고가 있었어요. 일부러 와서 부딪힌 거 같은데... 물어주게 됐죠. 아무리 생각해도 당한 거 같거든요. 그 이후로 좀 불안감이 커졌던 거 같아요. 뭐 500만 원에 끝내긴 했는데요. 지금 따져봐야 소용없지만 몇 개월 모은 돈 한번에 날라가니 진짜 참 허탈하다고 할지 뭐 희망이 급 사라지더라구요.

전 : 음, 그게 몇 년도예요?

김 : 사기 당한 건 3년 전쯤이구요, 차 사고는 작년이니까 거의 1년 되어가는 거 같아요.

전 : 다 최근이네요. 그전에는 좀 긍정적이었어요?

김 : 네. 지금보단 나았죠. 하지만 어렸을 때부터 가정환경 탓인지 좀 우울할 때가 많았던 거 같아요. 지금은 여자친구를 잘 만나고 있긴 한데요. 여친이 저랑 많은 시간을 보내길 원하거든요. 주말이나 일 마치고서. 그래서 일하는 거 빼고는 많은 시간 여자친구랑 보내게 되더라구요. 그렇다 보니 겉으로는 행복해 보일 수도 있는데 어두운 그림자가 사라졌다기보다는 그냥 감춰 있는 느낌이 있어요. 어쨌든 마음 안은 좀 어렸을 때부터 어두웠던 편이었던 거 같아요.

전 : 어떻게 보면 우리는 대부분 하루에도 수십 번씩 우울하기도 하고 또 좋기도 하잖아요. 사람마다 정도의 차이는 있겠지만 감정기복이 있는데. 이런 안 좋은 경험을 하게 되면 조금 더 예민하게 반응할 수밖에 없을 것 같아요. 스스로 평가해 봤을 때는 어떤가요? 우울할 때 주로 어떤 일들을 하세요? 민감하게 우울한 상태를 잘 지각하는 편인지, 아닌지 궁금해요. 뭔가 아까 말씀하셨던 것처럼 적극적으로 뭔가를 찾아 나가시는 편인지 아니면 집 안에 틀어박혀 있는지, 가끔 핸드폰을 종일 하거나 멍 때리기도 하잖아요.

김 : 예전에는 당연히 틀어박혀서 핸드폰만 보고 이런 게 많았는데요. 그래도 요즘에는 가끔이겠지만 영상 같은 걸 많이 보는 편이에요. 제가 좋아하는 유튜버들이 있거든요. 말랭꼴리(가명)라고 여행가인데 여러 문화를 소개해주니 재밌더라구요. 또 에듀로스라이(가명)라는 그런 영상이 있더라구요. 게스트 모시고 이야기하는 건데요 멍하니 듣고 있으면 재밌어요. 인터뷰 질문이 수준 있게 진행되는 게 좋거든요. 유튜브 같은 거 틀어놓고 가만히 있을 때가 있어요. 음악도 제가 좋아하는 거 듣고요. 옛날 고전음악이 듣고 싶을 때도 있고, 전자기타를 듣기도 해요. 막 머리가 진짜 터질 것 같은 느낌이 좀 있을 때는 잔잔한 명상 음악 듣기도 하구요. 또 여자친구가 가까이 살다보니 같이 산책길 걷거나 재밌는 영화있으면 보러가기도 해요.

전 : 그러니까 뭔가 열정님이 선호하는 영상이 있고, 다양한 콘텐츠를 즐기시는군요. 그렇죠? 뭔가 좀 나의 마음을 좀 편안하게 해줄 수 있는 그런 것들을 좀 찾아서 하는 편이네요. 그러면서 좀 안정감을

느끼시구요.

김 : 네. (영상 보는 거) 가끔씩 하는 것 같아요.

전 : 그렇군요. 그러면 아까 '뭔가 일에 대한 열정이 좀 살아났으면 좋겠다. 나의 어떤 부정적인 생각이 좀 줄어들고 긍정적인 사람으로 조금 변화됐으면 좋겠다.'고 말씀해주셨는데요. 그 일에 대한 '열정'이라는 게 대체 뭘까요. 구체적으로 어떤 걸까요?

김 : 옛날에는 한달 동안 안 쉬고도 일하곤 했어요. 하루에 거의 스무 시간 넘게 일해도 쌩쌩했거든요.

전 : 정말요?

김 : 그 생활을 이삼주씩 한 적도 있어요. 그 정도로 열심히 했던 이유는 '광고영상이라는 게 작은 거긴 하지만 완벽하게 잘 만들자. 그러면 다음에 더 큰 기회가 올 수도 있지 않을까.'라고 생각한 거죠. 유명한 배우나 연예인을 만날 수도 있고. 좀 잘 나가는 회사에서 저를 스카웃할 수도 있겠구요. '세계적으로 유명한 감독이 되어서 좀 인생 멋지게 살아봐야겠다.' 그런 포부가 있었거든요. 본사에서 더 좋은 포지션으로 저를 콜하면 너무 좋을 거 같았거든요.

전 : 음... 어떤 목표가 있었네요. 그렇죠?

김 : 네. 한국사람으로서 이름만 대면 모두 알만한 정도의 감독이 되고 싶었거든요. 근데 지금은 자신이 없어요. 사실 그 수준에 이르면 좋겠지만 거기까지는 좀 거리가 있지 않나 싶기도 해요. 가장 걸리는 거는 사람들과의 협상 같은 거예요. 조율하고 맞춰가고 그런 부

분에서는 자신이 없는 거예요. 그런 데 많이 치이다 보니까 의욕도 떨어지고. 지금은 어찌 보면 제가 뭔가를 하는 게 아니라 고용되어 회사일을 하는 것뿐이죠. 그래도 옛날에는 사람들이 '열정님, 진짜 영상이 좋습니다.'라고 하면 회사 내에서라도 의욕이 돋곤 했는데요. 지금은 뭔가 발을 떼기가 좀 어려운 상태랄까요. 그런 의욕이 어디로 사라졌는지 모르겠어요.

전 : 그러니까 어떻게 보면 그때의 모습이 좀 그립기도 한 것 같네요. 잠도 거의 밤새다시피 하면서 열정적으로 일했던 열정씨 자신의 모습이랄까. 그러한 마음의 상태가 그립다고 할까. 그렇게 하다 보면 좀 더 큰 일도 해낼 수 있을 것 같았던 자신. 어떤 유명인을 만날 수도 있고. 그래서 내가 유명한 누군가와 이런 작업을 했다는 어떤 뿌듯함이나 희열? 사회에 내놓을 만한 어떤 결과물일 수도 있구요. 그런 생각을 하고 힘을 냈던 자신의 모습 말이에요.

김 : 네. 정확합니다.

전 : 그때보다 지금은 좀 의무감이나 책임감으로 하는 부분들이 많이 늘어난 것 같구요. 그래서 어떻게 보면 좀 재미없는 지루한 상태랄까요?

김 : 네. 그렇죠. 과거에는 막 설레고, 뭔가 해야 한다는 게 있었던 거죠. 좀 그립다고 할까요. 그래야 재밌는데... 아, 미친 듯이 일했던 시간이 전체의 어떤 생애주기로 봤을 때 어떤 이벤트로 느껴지기도 하거든요. 하루 24시간 중에 거의 스무 시간 이상 일을 하고 몇 주간 버텨갔던... 어떤 극도의 몰입감이랄까요. 물론 이게 지속되면

신체적으로 정상적인 생활을 할 수는 없을 것 같아요. 하지만 그때 극도의 몰입감을 경험해봤기 때문에 열정이 무엇인지 아는 거죠. 열정적으로 지금도 그만한 것들을 하고 싶고 그렇거든요. 부연 설명을 좀 하자면 그때는 갑자기 일이 몰렸었던 것도 있어요. 그럼에도 제가 버텨낸 거였어요. 물론 매번 그랬던 건 아니지만. 아무튼 지금은 거기까지 원하는 건 아니에요. 최소한 일하는 시간만큼이라도 몰입해서 하고 싶은 거거든요. 이 회사는 이직한 회사인데요. 들어온 지 얼마 안 됐어요. 이제 8개월 정도 됐거든요. 그래서인지 여기는 프로젝트를 내려준다기보다는 제가 뭔가 이런 걸 하겠다고 의견을 말할 수 있는 시스템이에요. 좋죠? 근데 지금은 소진상태이다 보니 오히려 그냥 정해진대로 하라고 해줬으면 좋겠더라구요. 왜냐하면 뭔가 창의적으로 하면 평가받을 것 같아서요. 그렇다고 온갖 힘을 내서 만들고 찍기에는 좀 부담스럽고. 뭔 줄 아시겠죠? 그런 부담감이 크다 보니까 힘들어요. 열정이 사라졌기 때문이겠죠?

전 : 그런 부분도 있지만, 어떻게 보면 8개월이라는 시간이 적응 기간일 수도 있을 거 같아요.

김 : 네. 그렇죠.

전 : 인간관계와 환경도 변했을 테고, 출퇴근 길도 달라졌을 거고... 그래서 아직은 적응기간일 수도 있겠다? 그래도 한 일년 정도는 지나야 뭐든 회사생활에 익숙해지지 않을까 싶기도 해요. 개인차는 있겠지만.

김 : 근데 회사는 얼마 안 됐지만 사실 하는 일은 비슷하거든요. 그래서

여기 들어오기 전에 한 두세달 정도 시간이 있어서 그때 열심히 놀았어요. 옛날에는 이직할 때도 일만 했었는데... 이번에는 놀면서 '무거운 마음을 비워내고 이제 다시 할 수 있겠다.'라고 나름 생각 했는데... 또 막상 슬럼프가 오니까 좀 근본적으로 뭔가 있나 싶기도 해요.

전 : 아, 그렇군요. 근본에. 그러니까 아주 단순하지 않은 뭔가가 열정씨의 마음 깊은 내면에 있는 건 아닌가? 그런 생각도 좀 하신다는 거잖아요. 그렇죠?

김 : 네. 맞습니다. 생각하는 방식이 막 고장난 거 같은 느낌이 좀 들기도 해요.

전 : 혹시 약물치료나 정신과 진료 받아보신 적 있어요?

김 : 그런 적은 아직 없는데 알아봤던 적은 있어요.

전 : 그렇군요. 알아보긴 했지만 약물 처방받아 드신 적은 없다는 거죠? 아까 초반에 말씀하신 건 약국에서 보조제로 드셨다는 건가요?

김 : 네.

전 : 네. 알겠습니다. 아까 부정적인 생각이 좀 긍정적인 생각으로 바뀌었으면 좋겠다고 하셨었잖아요. 이거는 구체적으로 어떤 의미인지 설명해주실 수 있을까요?

김 : 네. 평소에 일할 때는 심하게 부정적인 건 아니에요. 이번 영상은 돈이 얼마 없을 것 같다? 뭐 이런 건 그냥 긍정적으로 다 해석을

할 수 있어요. 가끔 약간 장사하는 느낌이 드는 분들 있잖아요. 청바지 광고를 찍는데 프리미엄으로 안 해도 될걸 약간 오버해서 장비를 쓰신다든지, 돈을 내라고 한다든지 그런 거요. 근데 너무 바가지 씌우는 느낌이 있을 때가 문제죠. 어떤 분은 해외로 촬영가는데 과도하게 장비를 준비해 오라고 해요. 필요 이상으로요.

덤탱이 씌우고 막 호구로 보는 느낌이 들 때가 가끔 있거든요. 또 예를 들어서 맛집을 찾아 가게를 갔는데 먹고 싶었던 메뉴의 재료가 다 떨어졌어요. 그럼 귀찮아지고 짜증내는 모습이 요즘 더 심해진 것 같아요. 들기름 막국수가 맛있다고 해서 찾아갔는데 오늘 재료는 다 팔려서 없다는 거에요. 그런 게 심하게 짜증이 나요.

전 : 그러니까 어떻게 보면 좀 그럴 수도 있고 아닐 수도 있겠지만. 정리하자면 열정씨가 스스로 느꼈을 때 좀 더 부정적이라는 거네요. 과거에 비해서.

김 : 아니, 좀 더 정확하게 말하면 약간 이해관계에 물려 있을 때 더 그런 것 같아요.

전 : 그렇군요. 요즘 인간관계는 어때요? 직장에서든 어디든 상대방이 얘기할 때 의심도 많이 하고 그런가요? 잘 믿지 못하는 그런 부분도 있을까요?

김 : 아니요. 그 정도까지는 아니고요. 그래도 제 팀이라고 생각하는 사람들한테는 괜찮아요. 그 안에서는 아주 부정적이지는 않아요. 오히려 상사들이 제게 뭔가 알려주거나 지시할 때 '내게 불만이 있나? 뭐가 불만족스러운가?' 뭐 이런 생각이 들기도 해요. 올해 1년

이 계약직인데요. 이거 못넘기고 정규직으로 못 넘어가면 어떡하지 그런 생각이 들면 불안하죠.

전 : 그러니까 아주 심각하게 그런 건 아니네요. 열정씨가 속한 팀에서는 서로 믿고 의지하고 그런 것들이 있는 거구요. 일부 사람들과의 관계에서 부정적 경험들이 있는 거군요. 그 정도네요. 그렇죠?

김 : 네.

전 : 우리가 앞으로 몇 번 더 만나게 될 텐데요. 상담이 끝난 뒤 무엇이 변하면 상담에 잘 왔다는 생각이 들까요? 만약 짧은 상담 시간에 열정씨 모습이 조금이라도 변할 수 있다면, 어떠한 부분이 변화되고 어떠한 열정씨 모습이 만들어지면 좋을 것 같아요?

김 : 좀 부담을 내려놓고, 결과론적으로 일이 좀 선순환이 되는 방향으로 갔으면 해요. 가장 중요한 건 부담을 내려놓는 거.

전 : 그렇군요. 그러니까 부담을 내려놓는다는 게 좀 마음이 가벼워지는 자신을 만나고 싶은 거라고 생각해도 될까요?

김 : 네. 어떻게 보면 맞아요. 좀 생각이 너무 많거든요. 이게 뭐랄까, 일을 할 때 되게 디테일한 것까지 신경 쓰면서 하는 스타일이랄까요. 물론 그런 성격이 좋기도 하지만 어쩔 땐 발목 잡히는 느낌이 있거든요.

전 : 되게 꼼꼼한 편이세요?

김 : 네. 그 꼼꼼함이란 것이 일의 완성도를 높이는 꼼꼼함일 수도 있는

데요. 제가 느끼기에는 좀 불안한 게 큰 것 같아요. 만약에 광고를 찍는데 날씨가 안 좋은 날이 있잖아요. 언젠가 장마기간인데 소나기가 퍼붓는 거에요. 그런 변수가 많은 걸 대비해서 여러 장비를 준비해야 하거든요. 어떤 돌발상황이 발생했을 때, '내가 무엇을 어떻게 해야겠다.' 이런 걱정을 하다 보니까 부담감이 큰 거 같아요. 뭐 하나라도 흐트러지는 순간 일이 어그러지면 망치게 되잖아요. 사람들이 저를 어떻게 평가할지에 대한 두려움? 부담감? 이런 것도 있는 거 같아요.

전 : 그렇군요. 그 불안의 대상이 되는 게 정확히 뭐 같아요?

김 : 불안의 대상이라는 게, 뭐 때문에 불안한 건지를 여쭈시는 걸까요?

전 : 네. 맞아요. 좀 따져봐야 되겠지만 뭔가 불안해도 굉장히 열심히 할 때가 있잖아요. 어떤 대안책까지 마련해 가면서. 그렇게 뭔가 열정씨가 열심히 산 이유가 될 수도 있고. 무엇이 열정씨를 가장 불안하게 만드는 것 같아요? 예를 들면 사회적인 평가가 될 수도 있구요. 아니면 자기가 자신의 기준이 될 수도 있겠구요.

김 : '뭔가 성공해야겠다.'라는 게 좀 강해요. 성공이 별다른 게 아니고 돈을 버는 거에요. 가정환경이 안 좋다고 했잖아요. 집안의 빚도 좀 싹 갚고. 부모님도 좀 당당하게 다니셨으면 좋겠구요. 그리고 제 명의의 자동차나 집 한 채 있으면 좋겠습니다. 사기 한번 당하니까 타격이 커요. 그냥 남들과 똑같이 살고 싶은 느낌이랄까요. 이게 한 번 끊겨버리면 계속 계단을 밟아봐야 다 어그러질 것 같은 느낌이거든요.

166

전 : 형제가 어떻게 돼요?

김 : 누나 두 명, 남동생 한 명 있어요. 사남매에요.

전 : 가운데네요.

김 : 네. 맞아요.

전 : 형제들은 어떤 분들이에요?

김 : 누나 한 명은 동네에서 슈퍼를 하구요, 둘째 누님은 동사무소에서 일하세요. 공무원이죠. 그리고 동생은 일찍 제주도에 내려가 농사를 짓고 있어요. 그런 게 좋다나요? 월동무 같은 거 키워 팔고 그래요. 한 삼년 넘었을 거에요. 뭐 걱정했는데 생각보다 잘하는 거 같더라구요.

전 : 음, 다행이네요.

김 : 아까 사회적으로 당당하게 살고 싶다는 얘기했었잖아요. 그런 맥락에서 보면 저와 형제들, 부모님 모두 매우 부족한 거 같아요. 여러 가지로요. 돈이든 명예든... 뭐 그런 거 있잖아요. 그렇다보니 위축된 느낌을 받았거든요. 예를 들면 동생이 농사지으면 아르바이트생도 돈이 있어야 충분히 쓸 수 있고 한데 돈 아끼느라고 몸이 부서져라 일하게 되고 그런 게 있죠. 그런 게 집안 환경이랑 다 연결되는 것 같아요.

전 : 그러니까 어떻게 보면 사회적 위치나 집안과 학력이 전부는 아니지만 '이러이러한 집안이었으면 좋겠다.' 그런 게 있는 거 같기도

해요. 어떻게 보면 부모님보다도 뭔가 '내가 이 집안을 이러이러한 이미지로 만들어야 되겠다.'는 생각을 많이 하는 거 같기도 하구요. 부담감을 갖고 있는지도 모르겠어요. 그러다 보니까 돈이든 사회적 위치로든 좀 성공해야 되겠다? 이런 신념을 갖게 된거 같구요. 그리고 밖에 나갔을 때 우리 가족이 위축되는 게 아니라 열정씨가 원하는 이미지처럼 되는거죠. 당당하게 살아가는 모습? 뭔가 잘 사는 모습? 경제적이든 마음적으로든 바라는 이미지들이 있네요. 그러다보니 사실은 쉴 수가 없는 게 아닐까요?

김 : 그렇죠.

전 : 쉴 수가 없지... 어떻게 이런 상황에서 쉴 수가 있어요? 지금 해야 될 것들이 너무 많은데... 너무 많잖아요? 그래서 여유를 찾을 수도 없고. 근데 또 그렇게 열심히 산다고 하여 돈이 빨리 모이는 것도 아니잖아요. 사기나 좀 안 좋은 사건도 겪다보니 어떤 보상심리 같은 게 작동할 수도 있을 거 같구요. 빨리 좀 해야 되는데... 이런 조급함이 생길 수도 있고... 그러니까 어떻게 보면 좀 뭐라고 할까... 열정씨 자신을 돌보며 갈 수 있는 여유가 심리적으로 많이 없어 보여요. 본인이 생각하는 게 '남들과 똑같이 살고 싶다.' 그렇다 보니까. 사실은 이게 상대적인 거긴 하죠. 똑같이? 어디에 사는 누구를 기준으로? 경제적으로든, 심리적으로든 어떤 기준인지는 몰라도 열정씨가 다 컨트롤 하려고 하는 거 같아요. 부모도 이래야지, 남동생 조언도 해줘야지. 누나는 잘 살고 있지만 돈 많이 벌면 또 뭐 해줘야지. 뭐 이런 거 저런 거를 다 주체자가 돼서 관여하려다 보니 마음이 좀 지치는 부분도 있지 않을까 싶어요. 그러니까 실수

하면 안 되고. 열정씨가 어떤 과정을 완벽하게 수행해야 한다고 했잖아요. 그러니까 당연히 불안도는 높아질 수밖에 없고. 누군가에게 인정받아야 되고 더 인정받아야 빨리빨리 진급하겠잖아요. 그리고 열정씨가 커리어에서 좀 인정을 받아야 그다음 단계도 좀 더 수월하게 승승장구할 테고. 어떻게 보면 이 불안의 대상이 뭘까, 제가 했던 질문이 이제 보니 어려운 질문이네요. 질문을 해놓고도 보니까. 뭐 그렇지만 열정씨의 가정환경, 어떻게 보면 가족 내의 열정씨 위치가 어떤 심리적 부담감을 가져다준 것 같기도 해요. 조금 더 잘 생각을 해봐야 되는 문제이겠지만... 근데 부담감이 있다고 해서 상황이 변하지는 않는 것 같아요. 부담감이 크다고 하여 열정씨가 이 상황을 빨리 정리하고 새롭게 만들고 그럴 수 있는 건 아닌 것 같아요. 그래서 좀 뭐랄까.... 중간중간 쉼표를 찍을 수 있는 방법들은 뭐가 있는지도 좀 찾아보면 좋겠다는 생각이 들어요.

김 : 음. 메모해야겠어요.

전 : 이거 좀 장기전으로 가야 되는 주제거든요. 그렇죠? 만약에 내가 우울이 심해요. 그래서 잠깐 약을 먹고 괜찮아져요. 이런 문제면 오히려 심플할 수도 있는데... 이게 지금 다 가족이랑 얽혀 있고 열정씨가 생각한 것들이 뭔가 아주 단순하지는 않다 보니까...이거는 좀 장기적인 플랜이 돼야 하는 것 같아요. 그렇다 보니까 열정씨가 지금처럼 소진되고 일에 동기가 안 생기면... 뭐라 그러죠? 언젠가는 나가 떨어질 수도 있고 그렇죠? 뭔가 심리적으로 받쳐주지 않으면 열정씨가 일을 더 많이 할 수 있는데 못할 수도 있구요. 그런 여러 가지 상황이 발생할 수도 있을 것 같아요. 그래서 어떤 거를

우선순위에 둬야 되는지도 조금 생각해 봐야 될 것 같아요. 그리고 동시다발적으로 모든 걸 다 할 수는 없기 때문에... 장기적으로 막연하게 보기보다는 조금 기한을 단기로 쪼개서 보면 어떨까 싶어요. 이번 달 아니면 6개월 안에, 아니면 1년 안에 할 수 있는 것이 뭘까? 이런 생각들도 좀 구체적으로 해보면 좋을 것 같아요. 그리고 결국에는 지금 생각하시는 것들이 '나와 가족이 현재보다는 조금 나은 상태로 갔으면 좋겠다.'라는 바람인 거죠. 그 부분이 되게 크게 느껴져요. 그래서 그 부분에 대해서도 열정씨와 가족원들 간의 관계도 좀 살펴보는 것이 필요할 것 같아요. 왜냐하면 어떤 사람들은 가족애가 적고 자신에게 초점을 두어 자기 현재의 욕구를 위해서 살아가는 사람들도 있잖아요. 근데 열정씨는 그렇지 않고 뭔가 계속 노력한단 말이죠. 무엇 때문일까요? 사람의 에너지가 한계가 있는 것 같지 않아요? 아무리 노력을 해도 하루에 쏟아부을 수 있는 에너지가 한계가 있죠.

김 : 네. 맞아요.

전 : 열정씨가 마음에 그 부담을 조금 덜면서 너무 많은 생각에서 조금 자유로워질 수 있는 방법? 이런 것들을 찾아보는 것도 굉장히 뭔가 정신 건강 면에서 중요하고 장기적인 목표를 이루는 데도 중요하지 않을까 싶어요. 참, 검사결과로 나온 거 중 하나는, 정서적인 부분에서 열정씨가 누군가를 의지하기 어려워할 수도 있겠다는 생각이 들어요. 그 부분에 관해 좀 더 궁금해졌어요. 열정씨는 만약 힘들 때 의지할 수 있는 대상은 누구일까요? 거기 문장에 보니까 여자친구가 있긴 하더라구요. 여자친구가 진정으로 의지의 대상이

되는지도 궁금하고, 힘들 때는 주로 어떤 식으로 스트레스를 풀고, 누군가를 의지하는지 좀 자세히 듣고 싶어요.

김 : 여자친구를 적긴 했지만 사실 완전 터놓고 얘기는 못 하고요. 초등학교 베프들 붙잡고 얘기를 많이 했는데... 친구들이 속된 말로 막 감정 쓰레기통이란 말이 있잖아요. 너무 의존했었어요. 애들이 다 들어주곤 했는데 언젠가 너무 힘들다고 토로한 적이 있었어요. 제가 말을 너무 많이 한다고 하더라구요. 그래서 그 뒤로는 누군가에게 말한다는 게 좀 그러더라구요. 사람들이 힘들다고 하니 이것도 좀 배려가 필요하지 않을까 싶더라구요. 그렇다보니 정말 가끔 친구들한테나 말을 하죠. 뭐 대부분 혼자 삭히거나 거의 주변 사람들한테 말을 잘 안 하려고 하는 거 같아요.

전 : 네. 그랬군요.

김 : 그리고 여자친구한테도 어떤 이유인지는 잘 모르겠지만. 어느 정도 까지만 얘기해요. 마음속 얘기를 전부 하지는 못하거든요. 경험상 이제까지 살면서 그런 얘기를 해봤을 때, 너무 생각이 많다는 둥, 좀 어리다는 둥 그런 피드백이 오더라구요. 저도 남자인데 좀 그렇죠. 그래서 혼자 유튜브 보든가, 자든가, 제가 좋아하는 기타리스트 보면서 멍때리죠. 맞네요. 얘기하다보니까 제가 진짜 완전 의지할 수 있는 사람은 없는 것 같아요. 그리고 아까 말을 했는지 모르겠지만 가족들도 의지의 대상은 온전하게 되어주지 못하는 거 같아요. 부모님은 두 분이 따로 사세요. 이혼은 아직 아니고 별거 중이시구요.

전 : 현재?

김 : 네. 거의 이혼 느낌이긴 하죠. 그래서인지 어렸을 때부터 '힘들면 가족한테도 말할 수 있으면 좋겠다.' 그런 생각을 많이 했죠. 심리적 안정을 좀 찾을 수 있게? 누나들도 가끔 들어주는데 또 집안일은 괜히 걱정시킬거 같고, 어느 정도 가려서 얘기하게 되더라구요. 다른 애들 집은 다 화목한거 같은데 저희 집은 좀 아닌거 같을 때가 많았거든요. 그래서 좀 가정에 대한 압박감이 있는 건지도 모르겠습니다.

전 : 어떻게 보면 열정씨가 속 시원하게 터놓고 얘기할 수 있는 대상이 없네요. 그럼 남동생은요? 좀 남자끼리 통하는 게 있을까요?

김 : 완전 통하기보다는 가끔 얘기하죠. 오히려 작은누나한테 가끔 얘기하는 거 같긴 해요. 동생은 또 제가 형이니까. 보살펴줘야 한다는 그런 생각도 좀 깔려있죠. 농사짓느라 고생하는데...

김 : 저는 아빠의 소통 방식이 조금 아쉽거든요. 엄마도 그렇구요. 형제 중에 작은누나가 가장 잘 들어주더라고요. 그리고 부모님에 대한 얘기를 아는 건 가족밖에 없으니까 가끔 말하죠.

전 : 그렇군요. 작은누나가 있어 다행이네요. 어떻게 보면 마음이 좀 한편으로는 좀 답답한 부분도 있었을 것 같고. 친구들을 좀 배려하지 않으면 오히려 술 먹고라도 화통하게 얘기할 수도 있을 것 같은데... 그런 스타일도 아니신 것 같고. 그렇죠? 또 남동생도 그렇고 여자친구도 한계가 있고 그러네요. 패턴이 그렇게 만들어졌을 수도 있을 거 같아요. 어쨌든 누군가한테 얘기라도 충분히 하면 조금 나

앉을 텐데 조금씩 얘기는 하지만 허심탄회하게 얘기하지는 못하네요. 그러다보니 어떤 부분은 마음에 좀 쌓여 있다고 그래야 되나?

김 : 네. 맞아요. 그런 것도 좀 있을 수 있구요. 감정 정리도 안 되죠. 계속 이렇게 쌓여지니까요.

전 : 어떻게 보면 조금 다른 주제일 수 있지만 중요한 주제일 수 있는 게... 뭔가 표현할 수 있는 방법을 찾는 것도 필요할 것 같아요. 상대방이 꼭 아니어도 열정씨 스스로 감정이 피크를 칠 때 일기를 쓸 수도 있고 누군가에게 이메일을 쓸 수도 있구요. 여러 가지 방법이 있긴 하죠. 아니면, 셀프톡을 할 수 있구요. 누군가한테 얘기를 했을 때 스트레스 호르몬이 떨어진다는 보고들은 이미 꽤 근거들이 있는 것 같아요. 그런 출구를 조금 찾아도 좋겠다? 그런 생각도 들어요. 짧은 시간에 많은 이야기를 해주신 거 같아요. 열정씨가 어떤 분이구나. 그리고 상담에서 어떤 것들이 필요하겠구나. 이런 부분이 조금 정리가 되는 것 같아요. 지금보다 조금 마음이 가벼워지고, 또한 지금보다 좀 더 활력 있게 일할 수 있다면 좋을 거 같아요. 상담을 마친 후에 말입니다. 그리고 열정씨가 이루고 싶은 장기 목표들에 대해 우선순위를 정하고 현재 열정씨가 할 수 있는 것과 할 수 없는 것을 조금 구분할 필요도 있는 것 같아요. 왜냐하면 열정씨가 다른 사람의 마음과 어떠한 상황, 그와 관련된 모든 것들을 다 통제할 수는 없다 보니까요. 그런 모든 것에 대한 부담을 열정씨가 갖고 있으면 당연히 힘들 수밖에 없겠죠. 그래서 그 부분도 조금 정리를 해나가면 좋을 것 같아요. 심리평가(MMPI)에서 정신병리적인 게 나오지는 않았잖아요. 그러다보니 조금 뭐랄

까. 비유를 하자면 서랍 정리하는 것처럼. 좀 그런 정리들만 잘하면 어떨까 싶습니다. 열정씨에게 누군가가 거울의 역할이 되어주면 좋겠다? 그게 제가 될 수 있겠죠? 오늘 어떻게 보면 처음 상담이기도 하고 또 많은 문제들을 말해주셨어요. 그리고 여기 오시기 전에 심리평가로 문제를 풀고 빈칸을 채우시느라 좀 어려웠을 수도 있는데요. 잘 해주셨습니다. 마지막으로 이야기를 조금이라도 해보시니까 어땠는지 간단히 느낀 점 나누고 마치면 좋을 것 같아요.

김 : 오늘 상담을 통해서 느낀 점이요? 일단 되게 전문적인 상담을 좀 받아보고 싶었던 기대가 컸거든요. 그래서일까, 뭐랄까 '제 이야기를 누군가가 들어주기만 해도 좋다.' 이런 느낌이에요. 마치 친구처럼 편안하게 이야기할 수 있었어요. 그리고 뭔가 또 정리해 주신 말들이 와닿았던 것들이 있었어요. '쉴 시간이 없겠다.'라고 하신 부분, 뭔가 추상적으로 생각했던 것들이 확실하게 된 부분도 있었어요. 어떤 게 더 나을 거 같다고 정리해 주시는 것도 좋았구요. 그리고 짧게나마 단기적으로 목표를 잡아보거나 저의 성장과정을 살펴보는 게 필요할 수도 있을 거란 어떤 미션들을 주셨던 것도 좋았어요.

전 : 네. 처음 상담 받으시는 건데 다행이에요.

김 : 근데 좀 생각해 보니 몇 번 정도로는 안 되겠다는 생각도 들어요. 제가 오늘은 다 또 말씀 못 드리는 것도 은근히 있거든요. 약도 먹어야 하나 이런 생각도 들긴했는데요.

전 : 그렇죠. 생각이 많을 수 있는데요. 근데 일단 정신과 약물복용 문

제는 일차적으로 MMPI라는 검사결과가 잘 판가름해주거든요. 저희 이야기한 부분도 있구요.

김 : 아, 그렇군요.

전 : 네. 그래서 그 검사 결과대로라면 정신과 약물 치료 병행은 필요하지 않으세요.

김 : 네. 그렇군요.

전 : 네. 필요하지 않아요. 그렇지만 약간 살펴봐야 부분들은 우울과 관련된 척도들이 있어요. 그리고 더 봐야 하겠지만 열정이 생기지 않는 이유가 우울과 연관되어 있을 수도 있거든요. 그리고 열정씨가 책임감이 높다보니 열심히 하는 부분이 있잖아요. 각성 상태가 되면 뇌가 아주 많이 움직이잖아요. 우울의 상태와는 조금 반대되는 상태예요. 그러니까 조금 뭐라고 해야할까. 현재는 좀 다운돼 있다고 보여져요. 뭔가 열정씨가 가진 목표치를 갖고 여러 일들을 헤쳐나가기에는 조금 에너지가 부족한 상태랄까요. 에너지를 좀 충전시켜야 되는 면이 좀 있어 보여요. 그래서 일단 좀 더 깊이 있게 얘기를 나눠봐야 할 거 같아요. 다음 시간에는 오늘 못다한 이야기 중에 또 하시고 싶은 이야기 조금 생각해 오시면 좋을 것 같고요. 그리고 저도 아까 말씀해주신 그 두 가지 목표에 대해서 어떤 식으로 얘기를 끌어가면 좋겠는지 좀 고민을 해볼게요.

김 : 네. 그럼 당장에 제가 뭐 해야 하거나 그런 게 있을까요?

전 : 네. 설명드릴게요. 우리가 왜 장기 목표를 이루려면 좀 쉼표를 찍

어야 된다 했잖아요. 그것과 관련된 거에요. 어떤 것이 열정씨에게 좀 위로가 되고 열정씨 마음을 안정시켜주고 편안하게 해주는지 그 방법에 대해서 생각해오시면 좋을 것 같긴 해요. 일부러 많이 하실 필요는 없고 그냥 생각나시는 만큼 부담 없이 해오시면 좋을 것 같아요.

김 : 네. 알겠습니다.

전 : 네. 건강히 일주일 동안 지내시고 뵐게요.

김 : 감사합니다.

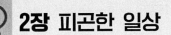

김 : 안녕하세요.

전 : 네. 오랜만이에요. 잘 지내셨어요?

김 : 네. 오랜만인 것 같아요.

전 : 많이 바쁘셨나 봐요.

김 : 지난주에 갑자기 회의가 생겨 가지고 못 왔어요.

전 : 네. 그러니까요. 2주 만이네요. 그렇죠?

김 : 네. 맞습니다.

전 : 어떻게 지내셨어요? 2주 동안.

김 : 생각보다 빨리 정규직으로 전환되는 기쁜 일이 있었어요. 팀장이 바뀌면서 팀이 새롭게 짜여졌는데 참 운이 좋았던 거 같습니다.

전 : 와! 축하드립니다. 어쨌든 잘 되셨어요.

김 : 네. 그렇죠. 이게 어찌 보면 엄청 큰 거는 아니어도 좋긴 좋은 건데... 뭔가 생각만큼 마음의 짐을 덜어놓지는 못하겠더라고요.

전 : 그렇군요. 지난번 약간 불안해하셨잖아요. 직업적인 면에서도 안정

권으로 들어가기를 바랐구요.

김 : 맞아요. 그때 선생님 얘기하면서 곱씹어 보니까 이게 심리적인게 아니라 일적으로 업무적으로 뭔가 좀 힘든 게 아닌가 싶기도 해요. 뭐가 문제인지 더 고민해 봐야겠구나 그런 생각도 들더라구요.

전 : 일이 더 많아지고 책임감도 더 높아지겠죠? 어떤 부분에서는 좀 다행스러운 면도 있겠죠. 하지만 일단 다시 적응해야할 부분도 있을 거고. 뭔가 정직원으로서 해야될 일들이 또 있을 거같아요. 분명히 그렇죠. 그러니까 그런 부분에서는 또 약간의 부담감이 있을 수도 있을 거 같아요. 그래도 일단은 기쁜 일이니까. 통보받으셨을 때 어떠셨어요?

김 : 통보할 때 사장님이 부르시더라구요. 그동안 수고했다고 하시면서 이렇게 빨리 되는 경우는 드물다고 하시면서요. 제 능력을 인정받는 기분도 들었어요. 그리고 동료들의 피드백 용지를 보시면서 설명해 주시더라구요. 좋은 점은 참 감사하게 들렸고 어떤 부분에서는 조금 서운하기도 했어요. 누군지 모르겠지만 제가 좀 열심히 안하다는 뉘앙스로 쓴 사람이 있는 거 같더라구요. 순간 열받기도 했고 누군지 대충 짐작이 되긴 했지만 짐작일 뿐이고요... 어쨌든 사장님이 기쁜 소식 주시는 자리이니 그냥 듣고만 있었습니다.

전 : 네. 그러셨군요.

김 : 그러면서 속으로 생각했죠. 화를 좀 추스르면서 속으로 '일단 불평하지 말고 내가 할 수 있는 걸 정리해보자.' 이런 좋은 쪽으로 생각하려고 마인드 컨트롤 했어요. '그래, 좋게 생각하자.'

178

전 : 그랬군요. 사장님이 말씀해주신 피드백 중에서 좋았던 점과 안 좋았던 점 한두 가지 기억에 남는 거 말씀해 주실 수 있으세요?

김 : 네. 좋은 점은 후임들에게 어떻게 편집하는지 기술을 잘 전수해준다는 게 있었어요. 또 조용하고 친절하대요. 진중하기도 하고요. 이 회사에서 영상편집하고 영상을 기획하는 사람들이 몇 사람 있는데요. 좀 다들 개인적으로 일하는 스타일이었나 봐요. 그런데 제가 사람들 중에 진지하고 친절한 편이라고 생각한 사람이 있더라구요. 그래서 일하는 게 좀 더 수월해졌다고 얘기한 사람들이 있나 봐요. 그런 얘기들이 기억에 남아요.

전 : 네. 어떤 사람이 도움을 받은 모양이에요.

김 : 아쉬운 점은 제가 좀 힘이 없어 보였나 봐요. 그러면서 더 파워풀하게 진취적인 모습이 있었으면 좋겠다고 해요. 사실 그렇지 않은 면이 있는데... 이렇게 누군가에게 비춰졌다니 좀 신경이 쓰이더라구요. 그러면서 생각해보니 제가 평가에 좀 많이 신경을 쓰고 있더라구요. 그런 것들이 기억에 남네요.

전 : 그렇군요. 일부 동료들이 봤을 때는 좀 더 진취적이고 주도적인 것이 약간 부족하다고 느껴진 모양입니다.

김 : 네. 그런가 봐요. 참, 제가 이번에 동남아 쪽으로 영상을 찍고 계약하는 건 처음이었거든요. 그 부분에서는 너무 좋더라구요. 프라이드가 크죠.

전 : 아, 그러셨군요. 그 부분은 어떻게 느껴지세요?

김 : 동남아, 싱가포르 처음 시도한 첫 경험이요? 동남아의 별이라고 하 잖아요, 싱가폴. 거기 회사 리더랑 처음으로 한국에서 비대면 미팅 을 했거든요. 처음에 '이게 과연 잘 될까?'하는 의구심도 있었는데 요. 한편으로는 제가 어떻게 하느냐에 따라 회사가 얼마나 글로벌 하게 뻗어나갈 수 있느냐를 결정하게 되는 부분도 있거든요. 그렇 다보니 진짜 잘해봐야겠다는 포부도 생기더라구요.

전 : 와! 그렇죠. 새로운 프로젝트니까.

김 : 언젠가 부장님이 거기 계약이 잘 성사되면 안정적으로 그쪽 일들 이 정해지고 지속될 수도 있겠다고 말씀해주셨었어요. 그렇다보니 약간 설레기도 해요. 영어도 꽤 잘하는 편이긴 하지만 좀더 멋지게 말하고 싶어서 요즘 조금씩 스피킹 연습도 하고 했거든요. 전화영 어 수업 들으면서요. 발음교정 받고 있어요. 싱가폴에 지사를 내서 스카웃되는 뭐 그런 상상도 해가면서요.

전 : 설렘과 포부가 없지 않은데요?

김 : 진짜 영상이 회사의 이름을 달고 나가는거지만. 모든 영상물이 제 가 주도하는 리더 역할을 맡았으니 여러모로 회사에 영향력을 주 고 싶다는 생각이 들더라구요. 그런 포부가 좀 큰 것 같긴 해요.

전 : 음. 영향력이라... 그러면 (회사에) 어떤 영향력을 미치는 사람이 됐 으면 좋겠어요?

김 : 어떠한?

전 : 네. 회사에 어떤 영향력을 미치고 싶으세요?

김 : 영상 제작이라는 게, 영상을 의뢰하는 사람이든 회사든 있구요. 이걸 받아서 만드는 사람이 있거든요. 지금은 영상을 의뢰받아 만드는 걸 많이 하지만 점차 창의적으로 기획한 영상을 의뢰하는 것도 좀 확대해보고 싶구요. 제가 만든 영상을 싱가폴에서 봤을 때, 그러니까 국내뿐만 아니라 글로벌하게 보다 많은 외국인들이 봤을 때, '와, 진짜 한국사람 퀄리티 높게 잘 만든다.' 그런 얘기를 듣고 싶어요. 요즘 K가 대세잖아요. 그럼 한국사람으로서 너무 자랑스러울 것 같거든요.

전 : 포부가 크네요. 지난 시간에 말씀하셨던 것처럼 말입니다. 생각이 좀 많고 이런 부분이 있지만 디테일하고 꼼꼼하고 그런 성향도 있어 보이구요. 뭔가 심리적으로 불안한 것은 열정씨가 반드시 성공해야 한다는 생각이 굉장히 강하다 보니까 그런 거 같구요. 다른 측면도 있겠지만.

김 : 네. 맞아요. 잘하고 싶죠.

전 : 그렇죠. 뭔가 어떤 경제적인 문제랄까. 환경적인 요소들도 좀 있으셨던 것 같지만 지금은 어쨌든 한 고비는 넘긴 것 같고. 직장에서 일단은 조금 안정적으로 일을 하실 수 있으니까요. 너무 좋은 일인 것 같고요. 그때 과제랄까요? 열정씨 일상에서 약간의 위로나 정서적인 안정을 이룰 수 있는 어떤 소소한 방법들을 찾아보자고 그랬었잖아요. 혹시 생각해 보신 거 있으세요?

김 : 네. 실제로. 그때 사장님실에서 나오면서. 주변 동료들은 축하한다고 말해주고 했는데 엄청 기쁘지 않더라구요. 이상하죠? 그러고 나

서 머릿속으로 여러 가지 그려봤어요. 저는 원래 머리가 너무 터질 것 같고 복잡할 때 조용히 생각하는 편이거든요. 딱 미팅이 끝나고 나서 '뭘 고민해야 할지 모르겠다.' 이런 느낌이 들었어요. 그래서 하나하나 이렇게 적었죠. '내가 뭘 해야 하고, 또 뭘 해야 하고.' 그러다보니까 좀 명확하게 되더라구요. 그래서 기록해 봤어요.

전 : 그렇군요. 적은 거 어떤 내용을 적었는지 기억나시는 거 조금 알려주실 수 있으신가요?

김 : 네. 업무 위주로 좀 정리를 했었던 것 같아요. 해야 할 것들을 너무 많아 가지고. 일들을 나열해보니, 이건 누가 어떻게 해야 하는건지, 뭘 먼저 해야 하는건지, 어디까지 어떻게 해야 할지 모르는 것들이 있었어요. 그래서 좀 나눠 가지고 '내가 이러이러한 일들을 먼저 해야겠구나.' 이런 생각을 한거죠. '이렇게 바쁘네. 이 정도로 바쁘구나.', '그렇다 보니 당장 이번 달은 세 개 프로젝트에 중점을 두면 크게 무리는 없겠구나.', '내년 예정된 사업은 새로운 아이디어 짜는 일부터 해야하는 일이라서 정신적인 에너지가 많이 들겠구나.', '그러니까 사람들 만나기는 좀 어렵겠네.' 에너지가 한계가 있으니까요. 뭐 이런 식으로 생각해봤어요.

전 : 네. 적어보면서 우선순위 따져보는 거 중요한 것 같아요. 그러니까 뭔가 일상에서 위로나 안정을 위해 매우 바쁘게 일하는 사람들이 여행을 가고 이런 거는 굉장히 좀 한계점이 많은 것 같구요. (기록하는 건) 당장에 할 수 있는 일이니까요. 뭔가 내가 수행해야 될 일들이 머릿속에서 우선순위가 정해지면, 참 좋죠. 오늘 할 일들이 정리가 되면 그럴 때 안정감을 얻게 되니까요. 그런 면에서는 뭔가

리스트를 적는 일이 열정씨에게 도움이 될 거 같아요.

열정씨가 해야 되는 과업들을 정리하는 것이 열정씨의 어떤 불안도를 낮추거나 일상에서 좀 안정감을 얻는 일이 되는 거죠. 어떻게 보면 열정씨 삶에서 일의 비중이 큰 거죠. 하루종일 거의 회사에 있고 또 해외 프로젝트 맡으신 것도 처음인 일이시기도 하구요. 또 새롭게 정직원으로 넘어가는 어떤 과도기적인 과정에서의 적응도 필요하실 수 있구요. 뭔가 회사 내부 사정은 모르겠지만 인간관계에서의 적응도 알게 모르게 스트레스가 있을 수도 있겠구요. 그래도 뭔가 열정씨가 일하면서 할 수 있는 방법이 있다니 다행이에요. 또 그거 말고 어떤 게 있을까요?

김 : 그 외에는 많이 생각은 안 나는데요. 그냥 이렇게 가만히 있어요. 멍 때린다고 하죠?

전 : 언제 주로 멍 때리세요?

김 : 막 일 끝나고요? 저는 일이 끝나고 나서 쉴 시간이 필요해요. 근데 여자친구는 계속 연락을 해요. 애가 외향적이다보니 그런가봐요. '같이 어디 가자. 예쁜 커피숍 있다.' 또 반려견 키우거든요. 이름이 복실이에요. '복실이랑 애완견 카페 가자. 근교 구경 가자.' 에너지 넘치고 활발해요. 저는 혼자만의 시간을 갖고 좀 비워낼 시간이 필요하거든요. 저와 다르죠? 그래도 어찌하다보니 애완견 카페 가자는데 안 가기 그렇잖아요. 그래서 같이 가면 여친은 다른 손님들하고 말도 하고 활발하게 노는 편이구요. 반려견 정보도 나누고. 저는 혼자 차 한 잔 시켜두고 멍 때려요. 제가 좋아하는 얼그레이 한 잔 시켜두고 한두 시간 멍 때리고 있어요. 그럼 여친이 놀다가 잠

깐씩 저랑 얘기하고 뭐 스파게티 시켜 먹고 그렇게 시간을 보내는 편이에요.

전 : 그러니까. 그거는 뭔가 두 분의 성향이 달라서 맞춰가는 부분이 있는거네요. 서로 에너지를 충전시키는 방식이 다른거죠.

김 : 가끔은 옆에서 각자 일을 하기도 해요. 아무튼 뭐 여친과 그렇게 각자의 스타일을 존중하면서 시간을 보내는 것도 괜찮더라구요. 뭐 가끔 영화도 따로 자기가 원하는 걸 보고 나와서 식사는 같이 하고 뭐 이런 식이에요.

전 : 뭔가 혼자 할 수도 있고 둘이 할 수도 있고, 그러면서도 뭔가 열정 씨가 여자친구와 시간도 보내면서 동시에 혼자 쉴 수 있는 시간이 기도 하네요.

김 : 네. 맞아요. 그렇게라도 쉬고 싶어서요.

전 : 네. 쉬는 시간이 필요하네요. 반려견 카페든, 어디든 쉬는 시간에 가만히 앉아 있으면 어떤 변화가 일어날까요? 좋아하는 영상을 볼 때라든지?

김 : 사실 영상은 TV에서 광고하거나 이런 걸 보면 업무 특성상 그냥 공부하는 느낌이긴 한데요. 그런 거 말고 음악 듣고 있거나 가만 멍 때리고 있으면 좋아요. 그럴 때 어떠한 큰 생각이 든다기보다는 심호흡하게 되고 그래요. 이완되기도 하구요. 그냥 그런 느낌인 것 같아요.

전 : 네. 조금 잠시 벗어나는 일이 되는 거겠죠. 혹시 또 있으실까요?

김 : 이 정도밖에 없는 것 같긴 해요.

전 : 네. 충분해요. 앞으로 뭔가 열정씨가 이런 방향으로 해봐야 되겠다 라든지, 미래에 대해 그려지는 부분도 있을 것 같습니다. 앞으로의 계획은 어떻게 되세요?

김 : 일에 관해서요?

전 : 네. 일도 좋고 아니면 지금 만나고 계신 파트너와의 관계도 좋구요. 뭔가 미래의 방향에 관해 생각을 안 할 수는 없을 것 같아서요.

김 : 뭔가 심리적으로 이렇게 해보겠다 이런 것도 될까요?

전 : 네. 물론이죠. 전체적으로 일도 좋고 집도 좋고 심리적인 것도 좋구요.

김 : 일단 일은 우선순위를 나눴다 했잖아요. 제가 다급한 게 있어요. 뭐 하나를 하고 있으면 다른 것들이 급해지는 거 같은 느낌이 들 때가 있어요. '맞다! 이것도 해야하는데.' 하구요. 그러다가 '저것 먼저 할까?' 혼자 난리죠. 그래서 어제는 정말 간단한 거 하나 하려고 딱 마음을 먹었거든요. 이번에는 '진짜 이걸 끝내자. 별거 아니잖아.' 이러면서요. 그럼에도 잠깐 중간에 딴 데로 또 샜거든요. 업무할 때 메신저 같은 프로그램 특성도 있겠지만 계속 알람이 치고 들어오니까 알림이. 그런 것들이 자꾸 집중력을 떨어뜨리는게 있어요. 그런 게 스트레스가 되고 그렇죠. 스트레스 받으니까 더 안 되고. 안 되다 보니까 다른 데 계속 왔다 갔다 하고 악순환이죠. 이런 것들이 있어 가지고 계속 연습하려고 해요. '하나를 딱 정하

면 하나에 몰입하기.'랄까요. 'a, b, c' 순서대로 중요한 일들이 있으면 그 'a, b, c 순서를 좀 지켜야 하지 않나?'라는 고민을 해요. 근데 고민을 너무 많이 하니까 차라리 그냥 b 먼저 하든 c 먼저 하든 상관없이 하나만 하자는 거죠.

전 : 네. 일도 많지만 조급한 부분도 있고...

김 : 일할 때 그런 것들을 좀 줄여야겠다는 생각이 큰 것 같아요.

전 : 네. 그럼 스스로 평가했을 때 집중력 자체는 어떤거 같아요?

김 : 요즘에는 많이 떨어진 것 같아요. 근데 생각해 보면 영상을 편집하거나 기획할 때는 정말 집중이 잘 됐던 것 같아요. 낮에는 사실 회의가 많아서 뭐 좀 하다가 회의하고 또 회의하고 해서 중간에 잘리다 보니까 집중력이 많이 떨어지는 거 같긴 해요. 근데 혼자 있을 때는 집중이 잘 되는 편이긴 해요.

전 : 그러니까 열정씨 자체가 집중력이 약하거나 하는 문제는 아니구요. 뭔가 외부적인 요인 때문인 것 같아요. 회의가 중간에 잡히거나, 어떤 기술적인 면에서 뭔지는 모르겠지만 필요한 일들이 발생하고. 어쨌든지 뭔가 계속 외부 자극들이 들어오는 것 같고. 그런 자극이 왔을 때 열정씨가 집중력에 방해를 받는 게 많지 않나 싶기도 해요.

김 : 네. 근데 저 자체로도 약간 떨어지는 그런 부분도 있는 것 같아요.

전 : 아, 어떤 부분이요?

김 : 아까 말씀드렸던 것처럼 뭐 하나 하고 있으면서 다른 것도 급하게 생각하는 거요. 다른 일 생각이 자꾸 들거든요.

전 : 아, 그럼 그 부분은 열정씨 스스로 갖고 있는 문제라고 할 수도 있겠네요.

김 : 네.

전 : 그런 생각은 어떠한 이유로 드는 것 같아요?

김 : 아무래도 영상 촬영하는 날 일을 계속하다 보니까 그런 것 같아요. 왜냐하면 한달 정도 준비해서 광고를 찍는다 하면 그날 완벽하게 해야되니까요. 왜냐하면 큰 돈이 들어가는 거니까요. 장소나 장비, 스태프 이런 모든 것들을 미리 예약을 해야 하는 거니까요. 소품이든 뭐든 준비할 게 많아요. 뭐 하나 펑크가 나면 모든 게 어그러질 수 있거든요. 어떻게 보면 둘러대야 할 수도 있고. 그런 것들을 좀 하다 보니까 그렇게 된 것 같아요. 돈도 많이 들고 준비할 것도 많고. 실수하면 안 되기 때문이랄까요?

전 : 그러니까 일이 정적으로만 앉아서 하는 게 아니다 보니 더 신경쓸게 많네요. 광고라는 게 세팅도 해야되고, 장소예약도 해야되고, 스탭이든 배우든 관계자들 연락도 해야 되고, 그렇죠? 많은 일들이 있을 것 같아요. 그러다 보니 모든 일들을 완벽하게 수행해야 되고... 회사에 소속된 직원으로 뭔가 오류가 발생하지 않도록 해야 하구요. 거기서 굉장히 많은 에너지가 드는 일이긴 하네요.

김 : 약간 추가로 드는 생각이 있어요. 요즘에 기획만 해볼까 싶었던 것

도 있었거든요. 왜냐하면 광고 촬영하는 날 실수가 백 프로 안 나오기 어려워요. 비가 오거나 날씨가 변수가 되기도 하구요. 또 누군가 늦거나 스탭이 사고를 치는 등 사람들이 많이 함께하다 보니까 변수들이 많거든요. 그러면 실수가 나오면 나오는 대로 그 순간에 순발력을 발휘해서 융통성 있게 넘겨야 하거든요. 쉽지 않죠. 그게 너무 스트레스인 거죠. 이삼주 동안 머릿속으로는 플랜을 막 짜가지고 완벽하게 해가도 현장이라는 게 쉽지 않더라구요. 근데 기획은 타다닥 해서 쉽게 했는데 오류가 나오면 그냥 다시 수정하면 되잖아요. 그게 밤을 새울지언정 어찌 됐건 수정만 하면 되니까요.

전 : 그렇군요. 현장에서 뛰기보다는 사무실에서 계획적으로 하는 게 더 적성에 맞을 수도 있겠네요?

김 : 네. 현장이라는 게 완벽할 수가 없는 거니까요. 약간 그런 외부 상황들이 좀 힘들었던 거 같아요.

전 : 그러니까 어떻게 보면 업무가 굉장히 강도가 있다고 느껴져요. 사람마다 다르게 받아들일 수 있겠지만 열정씨가 갖고 계신 어떤 성격적인 특징으로 보면은 퍼펙트하게 수행을 해야 만족스러워하는 스타일인데 현장일은 굉장히 변수가 많잖아요. 외부로 나가는 거 자체가 쉽지 않네요.

김 : 네. 맞아요.

전 : 거기에서 오는 스트레스도 굉장히 많은 것 같고. 좀 성향상으로는 초반에 MMPI검사에서 내향적인 부분이 좀 강했었던 거 같아요. 사회적인 불편감까지는 아니어도 혼자 있는 게 더 편하실 수 있을

거 같거든요. 그러다 보니까 다이내믹한 외부적이고 활동적인 부분이 가끔은 스트레스가 되실 수 있을 것 같아요.

김 : 네. 맞아요.

전 : 근데 안 할 수가 없잖아요?

김 : 그러니까요.

전 : 그럼 어떻게 해야 될까요? 방법이 없을까요?

김 : 그동안은 감수하고 그냥 했던 건데요. 그러다 보니 현장에서 진짜 스트레스 많이 받거든요. 그래서 뭐 다른 사람을 마주치고 이런 거에 관해 크게 방법이 생각나지는 않아요. 나중에 회사 사이즈가 커지면 외부컨택 하는 일을 따로 해주는 사람을 고용할 수는 있겠죠. 방송국으로 따지면 도와주는 작가처럼요. 근데 그렇게 가기 전까지는 사실상 거의 방법은 없는 거고요. 어찌보면 스트레스 받는 게 일이 어그러질까 봐 스트레스받는 거니까요. 어떻게 보면 '그냥 어떻게든 되겠지, 나 잘하니까.' 막 이렇게 믿고 가는 것도 필요한 것 같아요.

전 : 그게 방법이 될 수 있을까요?

김 : 처음 여기 들어왔을 때도 이제 뭐랄까 제 능력치를 100까지 채울 수 있다고 볼 때 한 110에서 120 정도를 계속 도전하면서 성장을 해왔거든요. 그러니까 혼자 속으로 '목표를 70-80 정도로 두고 마음 편하게 해봐야겠다.' 뭐 그렇게도 생각해봐요.

전 : 음...

김 : 제 성격이 티를 안 내는 성격이에요. 그래서 이제부터는 너무나 큰 부담감이 오는 거는 약간 그런 식으로 해보려고 하고 있어요.

전 : 현장에서 광고 촬영 도중이나 외부로 나가셨을 때 크게 사고를 치거나 그런 적이 혹시 있으셨어요?

김 : 아니요. 그런 건 또 없었던 것 같아요. 오히려 그냥 편집하면서 일정이 늦어지거나 이런 건 있었어요. 한 번 정도. 참, 현장에서 스토리가 납득이 안 되는 상태로 들어갔던 적이 한 번 있었어요. 전주 한옥마을 현장이었어요. 현장에 있던 일을 주신 클라이언트분이 '그냥, 원래대로 가시죠.' 이렇게 하기로 했는데... 저는 속으로 '너희들이 말해가지고 난 이렇게 밤새 바꾸는 작업을 한건데...', '어휴...' 자꾸 반복되니까 열받더라구요. 전 스토리가 납득이 안 돼서 전날까지 고민하다가 갔거든요. 이런 과정에서 화가 나는 건 배우 분들이 우왕좌왕하게 되다보니까. '내 모습이 전문적인 것처럼 보이지 않았겠구나.' 그런 생각이 들어 짜증났죠. 완벽하게 전문가의 모습을 못 보여준 거잖아요. 그게 현장에서 제일 컸던 에피소드였던 것 같아요.

전 : 그런 상황이 왔을 때 사람들의 반응은 모두 다른 것 같아요. 어떤 사람은 좀 유하게 넘어갈 수도 있겠지만, 그게 아니면 끝까지 밀어붙이거나 고집을 피울 수도 있잖아요. 그러니까 그런 상황에서 어떻게 보면 한마디로 열받게 되는 상황인데. 그렇죠? 그런 상황에서 열정씨는 어떻게 반응하시는 편이세요?

190

김 : 저는 참는 것 같아요. 그러니까 거기서 화를 내는 게 좀 성숙하지 못한 행동이라고 생각해요. 왜냐하면 갑과 을의 관계가 되는 거니까요. 광고를 찍어주는 감독의 입장이 되다 보니까요. 서비스직이라고도 좀 생각을 하는 거죠. 그렇다보니 가급적 화를 내지 않는 거구요. 그리고 꼭 이런 게 아니더라도 수평적인 구성원들끼리 의견이 좀 갈리거나 해도 '그래, 그럴 수도 있지.', '어차피 뭐 지나간 일이니까. 다음엔 더 잘하자.' 그렇게 생각하려고 해요. 결국 좀 논리적으로 많이 따지려고 하는 게 있고 참거나 좋게 넘어가는 편이죠.

전 : 그렇군요. 그럼 집에서는 어때요? 굉장히 가까운 사람 간의 관계에서 갈등 상황이 발생했을 때 어떻게 하는 편이에요?

김 : 누나들은 독립했고, 동생은 제주도에 있고요. 엄마랑 둘이 지내고 있어요. 그때도 감정적으로 대응 안 하려고 노력을 많이 하는 것 같아요. 순간적으로 답답함이 올라오거나, 짜증이 날 때도 굉장히 감정적으로 안 하려고 노력을 많이 해요.

전 : 왜 그렇게 감정적으로 표현을 자제한다고 생각하세요? 어떻게 보면 일부 억압하기도 하는 거 같고. 그렇죠? 뭔가 서비스 직종에 있기도 하고 열정씨의 역할이 집에서도 연관된 걸까요? 뭔지는 모르겠지만 감정을 표현하는 데 있어 일부 억제되는 부분이 없지는 않은 것 같거든요.

김 : 네. 맞아요. 뭔지 모르겠지만 억압하는 스타일?

전 : 그럼, 화가 쌓이면 어떻게 되나요. 보통?

김 : 아, 그렇게 (화가) 쌓이다보면 가장 많이 하는 실수들이 있죠. 가장 소중하게 대해야 할 가족이나 가까운 사람한테 푸는 거죠. 소중하게 대해주지 못하고 그럴 때도 있는 것 같아요. 그러니까 밖에서 참고 안에서 화를 내는 건데... 그러지 않아야지, 않아야지 하면서도 정작 밖에서 화를 낸 적은 좀 없는 것 같고요. 화가 나면 그냥 집에서 엄마한테 짜증이나 신경질을 내요. 아니면 대체로 혼자 화를 가라앉히려고 하는 거 같아요. 화를 누그러트리려고 혼자만의 시간을 갖기도 하구요.

전 : 혼자, 왜 그렇게 혼자 삭힐까요?

김 : 안 그러면 안 좋잖아요. 감정적인 모습으로 대하면 좋지 않다고 생각해요. 차라리 그럴 거면 잠깐만 시간을 달라는 편이에요.

전 : 그래요. 그러니까 이게 열정씨뿐만 아니라 대부분 사람들이 그런 것 같아요. 뭔가 참고 억압하면 가장 화내기 좋은 사람은 가족인 것 같아요. 아니면 나보다 약자, 힘없는 사람, 아니면 나랑 굉장히 가까운 사람에게 폭발하기 쉬운 것 같아요. 지금 내가 갖고 있는 성격이 잘 변한다고 생각하지는 않아요. 가능하면, 회사가 커져서 열정씨가 스트레스 받는 일이 좀 줄고 인력이 좀 충분해서 분담할 수 있는 사람이 생기면 좋겠어요. 하지만 원하긴 해도 회사의 어떤 상황은 열정씨가 컨트롤 할 수 있는 일 밖이 되는거죠. 그렇다 보니까 한편으로는 열정씨 스스로 할 수 있는 일들을 찾아보는 게 일차적일 것 같아요.

예를 들어 아까 외부 촬영 때 일어났던 에피소드 있었잖아요. 마음에 안들어도 그냥 넘어가셨지만 속으로는 기분이 좋지 않잖아요.

그러니까 그런 상황에서 기분이 좋지 않은 걸 어떤 식으로든 표현해 보는거죠. 예를 들면 "어제, 제가 고민을 많이 했었어요. 그런데 제가 노력한 거에 대해서 충분히 받아들여지지 않으니까 좀 마음이 안 좋네요." 이런 식으로 한두 마디라도 해보는 거죠. 물론 모든 상황에서 말할 필요는 없겠죠. 필요한 상황에서 가끔씩 말해보는 거죠. 그게 약간 자기가 노력한 거에 보상이 될 수도 있거든요. 좀 더 길게 말하면, "제가 어젯밤에 더 잘 찍어보려고 스토리 바꾸다가 거의 잠을 못 자고 고민했거든요. 그런데 그 부분이 받아들여지지 않으니까 좀 아쉽네요."와 같은 식으로요. 그런 표현을 해야 마음의 불쾌함이나 억울함 등 부정적인 기분이 조금 가라앉게 되거든요. 이런 말을 좀 할 때가 있으실까요? 어때요?

김 : 일단 그렇게 말하는 건 너무 변명하는 모습 같다는 생각이 들었어요. 그래서 그런 표현을 거의 안 했던 거 같아요. 준비한 거 티내는 거 같구요. 그리고 보니 몇 주 전에 친구 두 명과 영화를 보러 갔거든요. 근데 카운터에 주차를 물어보려고 줄을 섰는데, 뒤에서 어떤 커플이 새치기를 하는 거에요. 너무 열받더라구요. 직접 말하진 못하고 직원분들께 차례로 줄을 서게 해달라고 말했거든요. 교통 정리하란 거였죠. 그러다보니 그 커플은 어디 갔나 보이지도 않더라구요. 알바생 같았는데 약간 기분이 좋아보이진 않더라구요. 이런 말 하는 거 너무 스트레스 받아요.

전 : 그래도 직원분께 말씀하셨네요. 상황은 다르지만 어떤 방식으로든지 표현을 하시네요.

김 : 어떤 때는 안 그러면 못 버틸 거 같거든요. 그리고 앱으로 음식 시

켜먹고 리뷰 잘 달아요. 음식이 퀄러티가 확 떨어지거나 마음에 든 다면 리뷰를 꼭 달죠. 안 그러면 막 못 버틸 때가 있더라구요.

전 : 그렇군요. 근데 영화관에서 열정씨 앞으로 새치기했던 커플에게 직접 얘기를 하지 않으시고 직원분한테 얘기하신 이유는 있으실까요?

김 : 이게 결과론적인 말이기도 하지만요. 요즘 공공장소에서 차례를 지키고 하는 건 정말 기본이잖아요. 굳이 그 사람 앞에 가서 싸움을 일으키고 싶지는 않으니까요. 피곤하거든요. 한 번 저희 앞으로 왔을 때 뭐라고 하고 싶었는데... 아무튼 그때는 놓치고 그냥 넘어갔던 것이죠.

전 : 그러니까 열정씨는 어떻게 보면 다이렉트로 어떤 사람과 직면해서 얘기하는 걸 별로 좋아하지 않을 수도 있군요. 리뷰를 달거나 어쨌든 영화관에서도 당사자들보다는 관계자, 옆에 있는 사람에게 표현을 한 거니까요. 약간 좀 우회적이고 간접적인 방식으로 말하는 것일 수도 있구요.

김 : 네. 그게 낫죠. 근데 가끔은 직접 말이기도 해요. 예전에 한 번 여자친구랑 분식집에 갔어요. 일본라면을 시켰는데 면이 거의 생으로 나온 거에요. 돈만 벌어먹겠다는 장사꾼 느낌이 나더라구요. 라면이 한 그릇에 만 원이 넘거든요. 제가 막 화내고 싶었는데 여자친구가 그냥 먹자고 하는 거에요. 제가 지르려고 하니까 그러지 말라고 눈치를 줘요. 그래서 결국 참긴 했는데요. 저 혼자 있을 때는 식당에서 뭐가 잘못 나오거나 하면 한마디씩 하는 것 같아요.

전 : 아, 그래요? 어떤 식으로 말씀하시는 편이세요?

김 : 어떻게 보면 좀 비꼬는 식이에요.

전 : 음...

김 : 최근에 차를 폐차하고 중고차를 사려고 상담을 받으러 갔거든요. 그런데 아무런 안내도 없이 무작정 기다리게 하는 거에요. 한 삼십 분이 지났나 열이 슬슬 올라오더라구요. 그래서 직원한테 얼마나 더 걸릴 것 같냐고 물어봤거든요. 그런데 그냥 무작정 기다리라고 하는 거에요. 이 정도는 말해줘야 하는 거 아닌가요? 그때 속으로 생각했어요. '서비스를 하면 완벽하게 해야지. 손님을 기다리게 하네. 진짜 엉망이군.' 저의 기준을 들이대는 거죠. 그래서 담당자 오면 '되게 바쁜가 보네요.'라고 비꼬면서 한마디 해주고 싶었거든요. 근데 곧 오시더니 '너무 많이 기다리셨죠?'라고 하는거에요. 그래서 말 안 하긴 했는데... 만약에 그 사람이 그 말도 안 하고 당연하단 듯한 태도였다면 싸웠을 거예요.

전 : 음. 그래서 말씀을 안 하셨군요.

김 : 네. 친절하게 나오니까... 너무 많이 기다리셨냐고 말씀해 주시니까 그냥 넘어간 거죠.

전 : 네.

김 : 얘기하다 보니 이런 게 많네요. 언제는 동생이랑 고깃집에 갔어요. 맛집이라고 해서 찾아가서 줄서서 들어갔거든요. 저희가 창가 자리를 앉으려고 하는데 여기는 어떤 손님이 앉으려고 예약을 하셨다는 거에요. 그게 거기 룰이 아니거든요. 자리 지정은 아니어서

들어가는 순서대로 손님이 정할 수 있는 게 거기 룰이거든요. 저도 음식점 일을 해봐서 아는데... 창가 자리 남겨놔야 좋으니까. 그래서 그분이 안내해준 자리에 앉아서 자꾸 창가를 봤어요. 근데 계속 안 들어오더라고요. 계속 비어있길래 벼르고 있다가, '예약하신 분은 안 오나 보네요.'라고 말해주고 싶었는데... 결국 못했죠.

전 : 네. 지금 몇 가지 사례를 들으면서 제가 든 생각은요. 열정씨가 어떤 약간의 잣대 같은 걸 갖고 있는 거 같아요. 열정씨가 세운 잣대. '이렇게, 이렇게 해야 돼. 서비스직에서는 이렇게 하는 게 좋지. 사람이 오면 안내해주는 거는 기본적인 거지. 잘 안내하고 알려줘야지.' 그런 거 있잖아요. 그런 신념이든지 잣대, 열정씨가 갖고 계신 그 잣대, 그대로 안 되면 불편하신 거 같아요.

김 : 네. 그런 것 같아요.

전 : 그렇네요. 근데 또 열정씨뿐만 아니라 많은 사람들이 그래요. 사람마다 정도의 차이는 있을 수 있겠지만. 고깃집에서 자리에 앉아서도 창가 빈테이블을 자꾸 보셨다는 상상을 해보면... 오랫동안 신경을 쓰셨을 거 같다는 생각이 들기도 하구요.

김 : 그런가요? 동생이 이제 그만 좀 보라고 하긴 했어요. 그러니까 계속 본 건 아니고 고기 굽고 기다릴 때마다 한 번씩 봤거든요. 본 거는 두세 번이긴 한데 한 20분까지 봤던 것 같아요. 마지막으로 봤던 걸 생각해보면요. 좀 집요한가요?

전 : 글쎄... 지금 그 부분에 관해서는 어떤 생각이 드세요?

김 : 제가 저를 생각했을 때요?

전 : 네. 몇 개 사례를 얘기해보니 '내 모습이 이런 부분이 있네?'라든지 '이런 부분 좀 고치면 마음이 편하지 않을까?' 그런 생각이 들 수도 있구요. 좀 둔감한 사람도 있잖아요. 좋은 게 좋은 거라고 생각하는 친구들. 좀 둔감한 그런 성향의 사람들은 뭐 별로 신경 안 쓰고 그냥 맛있게 먹겠죠. 자기 앞에 온 음식을?

김 : 그렇네요. 그냥 '피곤하게 산다.'라고 생각이 들 수도 있는데 방금 생각해봤어요. 왜 그렇게까지 했는지. 저는 그 순간 창가에 앉아서 밖을 바라보면서 힐링을 하고 싶었던 건데... 내가 내 돈을 내고 간 건데 권리를 침해받았다는 생각이 든거에요. 그 정도가 좀 높긴 하구나 이런 생각이 들어요.

전 : 그러니까, 열정씨는 어떤 면에서 열정씨 자신이 갖고 있는 욕구에 굉장히 센서티브한 편인 거 같아요.

김 : 맞는 거 같아요.

전 : '내가 지금 힐링을 하고 싶어서 창가 자리에 앉고 싶었던 건데...' 그게 안 되다 보니까. 민감하게 반응한 거죠. 겉으로 티는 안 나겠지만 표현을 하고 있었던 거죠. 결국.

김 : 그 창가 자리는 2천 원이 더 붙는데, 제가 이걸 부탁해서 거절당한 것도 아니고. 그냥 제가 할 수도 있었던 건데 타당하지 않은 이유로 거절당하니까 기분 나쁘죠.

전 : 아, 그랬군요.

김 : 누릴 수도 있었던 걸 못 누린거죠. 알바생이 말도 안 되는 이유로 말한거고. 쉽게 말하면 속된 말로 호구 취급당한 것 같은 기분도 들구요.

전 : 네. 그렇군요. 집에서 어렸을 때, 성장하셨을 때 어떠셨어요? '가족들과의 관계에서는 조금 소통 방식이 아쉽다.' 그런 비슷한 말씀도 해주셨었는데요. 권리와 관련하여, 뭔가 집에서 내가 갖고 있는 권리랄까요? 뭔가 열정씨가 집안에서 누려야 될 권리, 그런 것들에 대해서는 얼마나 충분히 누렸다고 생각하세요?

김 : 저는 군말 없이 다 받아들였던 것 같아요. 양보하는 입장이었죠. 저희가 4남매였는데 누나랑 막내가 싸우고 있으면 저는 가만히 먹고 있었다고 하더라고요. 누나랑 동생은 뭐가 더 큰지 비교할 때 저는 그냥 가만 있는 편? 양보하는 편? 커가면서도 딱히 둘째니까 해달라고 요구했던 것도 없었어요. 그래서 그런지 생일 케이크나 용돈 주시는 것도 '괜찮아, 괜찮아.' 그랬어요. 집에서는 굉장히 저를 좀 내려놓는 스타일인 것 같아요. 그래서 그런지 오히려 지금 제 몫을 챙겨야 한다는 의무가 더 큰 것 같기도 해요.

전 : 그렇군요. 조금 쉬운 예로요. 열정씨가 아르바이트로 10만 원을 벌었어요. 그런데 그거에 대한 보상이 처음에 계약된 대로 주어지지 않고 사장님이 8만 원만 주신 거예요. 그러면 보통 어떻게 반응하실 것 같아요?

김 : 그건 얘기를 할 것 같아요. 왜 8만 원이 들어왔는지에 관해서요. 10만 원 얘기가 됐으면 10만 원을 받아야죠.

전 : 그렇군요. 그럼 이번에는 재택 알바를 하는데 원래 9시부터 12시까지 일을 하기로 계약했어요. 그런데 그날 사장님이 12시 20분까지 일을 시키는 거예요. 그럴 때는 보통 어떻게 하세요?

김 : 그런 거는 그러려니 해요. 20분 정도면 괜찮은 거 같아요.

전 : 그건 무엇 때문에 괜찮은 것 같아요?

김 : 20분 정도는 어느 정도 충분히 발생할 수 있는 일이고 12시까지 하는 일이라고 했을 때 정확하게 12시 딱 맞춰 일을 할 수는 없을 수도 있으니까요. 그런 특성은 이해하는 편이에요.

전 : (20분 더 일하는 부분은) 허용되는 거네요.

김 : 네.

전 : 그렇군요. 지금은 생일이나 특별한 날에 어떤 식으로 보내세요?

김 : 딱히 안 챙겨요. 가족들은 안 챙기고. 베프가 항상 (케이크) 챙겨주긴 해요. 그냥 누가 챙겨주면 하는 편이에요. 뭐 딱히 제 생일이니까 뭘 하자 이런 것도 없는 편이구요. 친구들한테도 '내 생일이니까 만나자, 나와라.' 이런 스타일도 아닌 것 같아요. 굉장히 조심을 많이 하는 것 같아요.

전 : 조심이요? 어떤 조심?

김 : 괜히 생일이라는 이유로 상대방도 일정이 있을 텐데. 그러한 의무를 주고 싶지 않은 것 같아요. 한 마디로 부담을 주고 싶지 않은 거죠.

전 : 아, 그러니까 뭐라고 해야 할까. 남들한테 약간 민폐를 주거나 남들이 바빴을 때 내가 좀 번잡하게 한다든지. 그런 걸 되게 싫어하시네요.

김 : 네. 옛날부터 뭐랄까 남한테는 철저한 거죠. 어렸을 때 그런 얘기 많이 들었어요. 근데 남한테 철저하긴 한데 유해지지는 못하는 것 같아요.

전 : 그러면 만약, 베프가 생일날 케이크를 안 챙겨주면 어떻게 돼요?

김 : 그러면 약간 서운할 것 같기는 해요. 베프는 아무래도 챙겨주면 좋죠. 그렇다고 또 반드시 챙겨줄 의무는 없긴 한데. 그래도 내심 알아주면 좋겠어요. 아무튼 베프가 생일 몰라주면 서운할 거 같아요.

전 : 서운하면, 그 이후에는 어떤 식으로 반응할 것 같아요?

김 : 조심스럽게 좀 기다렸다가 '내 생일인데 몰랐어? 뭐 이렇게 물어볼 거 같아요.' 그러면서 약간 서운함을 표현할 것 같긴 해요. 그 정도는 표현을 할 수 있을 것 같아요.

전 : 그러니까 아까 말씀하신 대로 타인에게 열정씨가 불편하게 해도 안 되는거군요. 뭔가 조심해야 되고 그런 게 있네요. 어렸을 때부터 그랬던 것 같아요?

김 : 네. 그러니까 저번에 말씀드린 사건 때문에 그렇게 된 거 같아요. 친구들이 '다 힘든데 너 힘든 거 그렇게 계속 말하면 우리도 힘들다.' 이 얘기 들었을 때. 이후로 뭔가 남들을 힘들게 할 수 있다? 뭔가 생각을 좀 많이 해야 성숙한 행동이다? 편안하게 나가는 행동이

좀 성숙하지 못하는 경우가 많다? 이런 생각이 좀 많이 들었던 것 같아요. 약간 오지랖이랄지 꼰대처럼 잔소리랄지 이런 게 쉽게 나가는 거죠. 충고는 좀 되게 고민을 많이 하고 해야 하는 거고요.

전 : 네. 잘 이해됩니다. 만약 (테이블 선을 가리키며) 여기가 0점이고 (손을 머리 위로 들어) 여기가 10점이라고 쳐봅시다. 열정씨의 존재 가치를 숫자로 매긴다면 얼마나 가치 있는 사람이라고 생각합니까?

김 : 높지는 않을 것 같아요. 5점 정도.

전 : 음... 5점 정도.

김 : (가치) 질문을 받으니까 갑자기 띵해지네요. 이런 생각을 해본 적이 없어서요.

전 : 예. 그렇죠. 대부분 상담이 아니면 생각할 기회가 없어요. 너무 걱정 마세요.

김 : 갑자기 무슨 생각이 들었냐면요, 왜 점수를 높게 못 주지? 이 생각이 좀 들어요.

전 : 네. 중간쯤이니까.

김 : 5점? 일은 그래도 잘하는 것 같은데...

전 : 그러면 조금 나눠서요. 일적인 면에서만 한번 볼까요. 일에서 열정씨의 가치감을 따진다면 0에서 10점 중에 몇 점 정도 될까요?

김 : 그때는 한 8점은 되는 거 같아요.

전 : 일에서는 8점, 아까 우리가 종합적으로 자기 가치감을 따졌을 때 5점이었단 말이죠.

김 : 네.

전 : 일의 점수보다 조금 전체적으로 봤을 때 낮아진 거는 뭐 때문에 3점이 내려간 것 같아요?

김 : 성격이 좀 까탈스러운 부분이 있는 것 같아서요. 상대방이 봤을 때.

전 : 성격이 까탈스럽다?

김 : 네. 까탈스러워요. 선이 명확하고. 그러니까 넘으면 안 되는 선이 좀 명확하다고 할까요?

전 : 네. 그렇군요.

김 : 제가 바라는 점도 많고 어떻게 보면 피곤하게 저를 볶는 거죠. 좀 피곤하게 사는 것 같기도 해요. 하지만 그럼에도 '그게 맞지 않나?'라는 생각도 들기도 해요.

전 : 그러면 맞고 틀리고 평가하는 걸 떠나서요. 그런 열정씨의 까다롭고 뭔가 선이 명확하고 그런 성격적인 특징, 그러한 특징이 열정씨의 일부를 이루고 있잖아요. 그 부분에 대해서는 어떻게 생각해요? (그 특성을) 바꾸고 싶어요? 아니면 그대로 열정씨의 성격으로 받아들이고 싶으세요? 열정씨가 이런 성격적 특성 때문에 일도 잘하는 부분이 없진 않을건데 좀 어떤 생각이 드시는지 궁금해요.

김 : 잠시만요. 어려운 질문이에요. 음... 성격을 바꾸고 싶은 부분이 좀

있는 것 같긴 해요.

전 : 네. 천천히 생각해봅시다. 바꾸고 싶은 부분에 관해 자세하게 설명해 줄 수 있을까요?

김 : 약간 예절을 지키거나 그런 건 맞는다고 칠 수도 있겠지만. 가끔 '뭐, 이런 거는 그럴 수 있는 거 아니야?' 이렇게 좀 넘어갔음 좋겠어요. 가끔 어떤 상황에서 과할 때가 있는 것 같아서요.

전 : 어떤 게 과한 거에요?

김 : 너무 상대방에게 완벽한 거를 바랄 때, 혼자서 '그래, 사람인데' 그러면서 저를 또 다독이거든요. '내가 오버하는 거다.' 이런 생각 들 때가 있어요. 그런 성격을 좀 고쳐보고 싶긴 하네요.

전 : 네. 바꾸고 싶은 부분이 없진 않군요.

김 : 고등학교 다닐 무렵 자존감이 낮고 우울하던 시절의 모습들이 있었거든요. 아직도 가끔 그런 게 스멀스멀 기어올라오고 할 때가 있어요. 그런 우울함이 느껴질 때가 있거든요. 자격지심이 들 것 같을 때도 있구요. 이제 그런 것까지도 좀 확실하게 고치고 싶기도 해요. 많이 나아졌다고는 생각하지만요.

전 : 네. 그렇군요. 또 있을까요? 자존감이 낮고 좀 우울했던 열정씨 자신의 모습, 그리고 자격지심을 보이는 그런 모습이 어떤 식으로 변화되면 만족하실 것 같아요? 열정씨 스스로 '내가 좀 이런 모습이면 되게 좋을 것 같아.' 잠깐 그런 모습 상상해볼까요? 어떤 모습일까요?

김 : 이 모습을 구체적으로 설정하는 게 중요한 건가요?

전 : 뭐 꼭 그런 건 아니에요. 한번 생각해보자는 의미 정도예요.

김 : 왜냐하면 그런 생각을 좀 정확하고 디테일하게 해본 적은 없어서요.

전 : 네. 그렇군요. 가끔 필요할 수 있어요. 천천히 생각나시는 만큼만 상상해봐도 좋아요. 벌써 시간이 다 되어가네요. 상담 끝나고 집에 가셔서 생각을 이어가셔도 좋을 거 같아요.

김 : 근데 그런 건 있어요. 힘든 걸 말하고 싶은데 엄청 참아요. 내 얘기를 엄청 하고 싶은데 참아요. 제 얘기를 많이 하면 꼰대 느낌으로 다가가게 될까봐요. 그래서 회사에서 어린 인턴분들한테 말을 선뜻 못하거든요. 뭐 얘기하다가 얘기가 또 너무 개인적인 얘기로 흘러갔네 싶으면 또 추스르고 그러죠. 뭔가 그런 모습들이 있어요. 제 얘기를 하면 기분이 좋은데 상대방에게 유쾌한 경험이 아닐 수 있으니까요. 약간만 말하는 거죠. 그냥 뭐랄까. 좀 정신 상태가 비워졌으면 좋겠어요. 홀가분하게.

전 : 그러니까 정리해보면, 뭔가 회사에서도 누군가와 대화하실 때 많은 생각을 하시네요. 인턴분들한테도 '내 얘기를 너무 많이 하는 거 아닌가.', '부장님처럼 보이는 게 아닌가.', '유쾌한 얘기가 아닌데…', '별로 쓸데없는 얘기인데.' 이런저런 생각들을 많이 하시네요.

김 : 네. 그런 편인 것 같아요. 좀 어린 분들한테는 더 그런 것 같아요.

전 : 그런 모습을 고치고 싶으실까요?

김 : 음... 잘 모르겠어요. 굳이 말할 필요가 있나. 저희 옆 테이블에 나
　　이가 10살은 많은 형이 있거든요. 그분은 총무 파트에 계신 분인데
　　요. 꼼꼼하게 일도 잘하세요. 사람들 사이에서는 얘기도 잘하고 그
　　렇거든요. 사람들한테 말도 잘 걸어주시고. 유머도 있으시고요. 뭔
　　가 여유 있다고 할까요. (제 모습에서) 무엇을 바꿔야 하는지는 명확
　　하지는 않지만 그 형이 가진 매력이 있으면 좋겠다는 생각이 들었
　　어요. 제 얘기를 듣는 인턴들한테 물어보면 저는 매력이 없다고 할
　　것 같네요. 그 형은 뭐 남자가 봤을 때도 키도 크고 얼굴도 괜찮게
　　생기셨거든요. 훈남이세요.

전 : (인턴들에게) 열정씨 얘기를 하면 어때요?

김 : 좀...

전 : (회사에서) 같이 일하는데 열정씨 얘기를 할 수도 있는 게 아닐까요?

김 : 그렇긴 하죠. 근데 약간 맥락 없이 모든 이야기 주제가 갑자기 끝
　　을 제 얘기로 귀결시키는 게 문제인 것 같아요. 그렇게 되는 게 평
　　소에 제 얘기를 너무 하고 싶었기 때문인 것 같아요.

전 : 그러니까 뭔가 열정씨가 업무 얘기를 해야 되는데, 얘기를 하다보
　　면 개인적인 얘기가 나오고, 이게 너무 많은 퍼센테이지를 차지했
　　던 경험들이 있다 보니까 조심하게 되고 그런 거네요. 옆에 계신
　　형과 비교하면 좀 저렇게 편하게 얘기하면서도 여유 있는 모습을
　　자신에게 기대하는 것이기도 하구요.

김 : 네. 약간 여유라고 해야 할까요. 아니, 정확하게 좀 그런 매력을 갖

고 싶기도 한 거 같아요. 그 형과 비교해 볼 때, 저는 좀 정서적으로 힘들어하고 그런 부분에서 매력이 없지 않나 싶기도 하구요. 예전에는 좀 더 심했던 것 같고요.

전 : 어쨌든 뭔지는 구체적으로 아직까지는 명확하지 않지만, 총무과 형님이 가지신 여유? 이미지? 이런 걸 갖고 싶으신 거네요.

김 : 네. 맞아요.

전 : 또 바꾸고 싶은 부분이 있을까요?

김 : 첫 번째는 타인에게 내가 너무 완벽한 걸 바라는 게 아닐까 싶어서요. 그걸 조금 내려놨으면 좋겠다는 거고. 두 번째는 뭔가 내가 어떤 자존감이 낮고 우울했던 내 모습이 없어졌으면 더 좋겠다는 거에요. 스멀스멀 올라올 때가 있거든요.

전 : 그렇군요. 그 두 가지 말고 또 있을까요?

김 : 갑자기 드는 생각은요. '나 지금 우울한가?' 막 이런 생각도 들고요. 심각하게 우울하다고 느낀 건 아닌 거 같기도 한데요... 옛날에는 별것도 아닌 곳에서도 막 즐거웠는데 지금은 별로 그렇지 않다는 생각이 들어요.

전 : 네. 그렇군요.

김 : 속절없이 그냥 속 편하게 뭔가 막 즐길 수 없게 된 거 같아요. 그렇다고 불만도 딱히 없거든요. 그렇게 못 즐기는 상태에 관해서요. 예전에는 시원한 커피 한잔에도 기분이 확 올라갔는데...

전 : 좀 우울한 상태인가 이런 생각도 들지만 긴가민가한 거네요. 깊이 있게 생각을 안 해봤기 때문에.

김 : 네. 일단 두 가지가 제일 큰 거 같고요. 나머지들은 아직 뭐 긴가민가 생각이 막연히 드네요.

전 : 그러면 일단 두 가지, 그 두 가지가 열정씨가 원하는 대로 이루어지면 어떨까 생각해 봅시다. 아까 자기 가치가 5점 정도라고 표현했던 거 있었잖아요. 그 두 가지가 변하면, 몇 점 정도로 바뀔 것 같아요?

김 : 그 모습이 상상이 안 되긴 하는데요...

전 : 수치로 아주 단순하게. 아까 자기 가치감 종합적으로 5점이다 하셨거든요. 근데 지금 말씀하신 부분 두 가지가 모두 이루어지면, 열정씨는 자기 가치감을 5점에서 몇 점으로 올릴 수 있을까요? 아니면 그대로 있을 것 같아요?

김 : 8점에서 9점까지 올라갈 것 같아요. 그렇게 되면은 아까 말했던 '옛날에는 즐거웠는데.' 뭐 이런 고민 없이 너무 즐거울 것 같거든요. 그냥 회사에서도 집에 와서도 재밌고, 어딜 나가도요. 그냥 더 나아가서는 사회적으로 인정까지 받으면 더 좋죠. 작게나마 교수랄지 아니면 특강을 나간다지 그런 것까지 되면 10점이 되지 않을까 싶어요.

전 : 음...

김 : 그런 생각이 들어요.

전 : 지금 또 뭔가 열정씨가 이루고 싶은 게 보이네요. 그러니까 제가 그렇게 질문하려고 그랬었거든요. 바꾸고 싶은 두 가지가 이루어졌는데 왜 10점이 아닌 8.5에서 9점 정도 주실까. 열정씨가 지금 말씀하신 내용을 보면 전문가로서의 어떤 명예를 얻고 싶어하는 듯 해요. 뭔가 자신만의 분야에서 열정씨만의 어떤 색깔을 갖는 걸까요?

김 : 그렇죠. 남들이 봤을 때.

전 : 남들의 인정. 커리어가 열정씨한테 얼마나 중요한 걸까요?

김 : 음...

전 : 열정씨에게 매우 중요한 요소가 되는 거 같아요. 지금 바꾸고 싶은 두 가지는 제가 봤을 때는 충분히 바꿀 수 있는 부분인 것 같아요. 다음 주 전으로 하셔야 될 게 있어요. 중요한 건 아까 바꾸고 싶은 부분에서 총무과 훈남 직원분이 갖고 있는 여유와 꼼꼼함, 그분의 매력이 있다고 하셨는데요, 그 단어가 좀 애매모호하고 추상적이에요. 그래서 미래에 내가 바꾸고 싶은 이미지를 그릴 때, 열정씨가 언어로 표현하거나 아니면 글로 적을 수 있을 만큼 굉장히 디테일하게 작업하면 좋을 것 같아요. 예를 들면 훈남분이 구체적으로 사람들과 편하게 얘기한다는 게 무엇인지, 또 여유 있는 모습은 구체적으로 무엇인지 말입니다. 그분이 갖고 있는 일부의 모습일 수 있으니까요. 어쨌든 열정씨가 지각하는 여유라는 단어가 담고 있는 의미를 꼼꼼하게 따져보면 좋을 것 같아요. 그리고 약간 우울한 건 맞는 것 같아요. 왜냐하면 정직원이 되는 기쁜 일에도 충분

히 기쁜 감정이 들지 않으니까요. 근데 약간 우울한 상태로 계속 살아도 큰 문제는 없겠죠? 치료를 받아야 하는 수준은 아니니까요. 우울성향은 모든 사람이 갖고 있으니까요.

김 : 그거는 그렇죠.

전 : 물론 모든 일에 자기 감정을 크게 경험하고 반응해야 하는 것도 아니고요. 지금의 상태가 크게 문제되는 건 제가 봤을 때는 없는데요. 한 가지, 아까 우리가 얘기했던 두 가지. 그걸 열정씨가 이루면 과거보다는 좀 더 즐겁고 일상에 활력이 생길 것 같긴 해요. 열정씨가 변화를 원하기 때문이기도 하고요. 그 부분은 함께 작업을 하면 좋을 것 같긴 해요. 그리고 뭔가 타인에게 열정씨가 완벽한 걸 바라는 게 있죠? 그 부분에 대해서도 열정씨가 바꾸고 싶은 부분이기 때문에 좀 살펴볼 필요가 있겠구요. 계속 타인의 시선에 자신을 들이대면서 사는 거죠. 뭐 모든 사람에게 그런 게 있지 않나 싶긴 하지만요. 열정씨는 그 부분에 대해서 약간 스스로에게 불만이 있는 거예요. '나 왜 이렇지?', '왜 이렇게까지 하지?' 이런 게 있잖아요. 이 부분이 제게는 '나 어떤 부분을 바꾸고 싶어.'라고 말하는 거처럼 들리기도 해요. 어떤 이유인지 모르지만. 그래서 바꾸고 싶은 거 두 가지, 또 마지막에 말씀하셨던 부분에 관해 열정씨가 구체적으로 어떤 모습이 되고 싶은지 다음 주에 좀 더 명확하게 머릿속에 그려오시면 좋을 것 같아요.

김 : 사회적으로 어떤 성공 이런 거요?

전 : 네. 무엇이든요. 아까 교수랑 특강 이 두 개 단어를 말씀하셨거든

요. 그거는 어떤 사회적인 인정이 중요하기 때문일 수도 있고, 아니면 열정씨 내면의 또 다른 욕구일 수도 있고, 사회적으로 어떤 전문적인 분야에서 정점을 찍고 싶은 무엇일 수도 있겠죠. 뭔가 어떤 열정씨만의 이유가 있을 거예요. 그게 어떤 의미인지 말입니다. 열정씨가 밖에 나가서 특강을 하고. 어떤 교수자로서의 역할을 하는 것이 무엇 때문에 중요한지 말이에요. 어떤 명예가 필요한 건지, 아니면 사회적 인정이 필요한 건지, 아니면 돈이 필요한 건지 말입니다. 돈도 중요하죠. 자본주의 사회에서. 내가 집안에서 굉장히 좀 자랑스러운 아들의 모습 보여주고 싶기도 하잖아요. 누구나 있잖아요. 그런 모습이. 열정씨 근본에 갖고 있는 게 무엇이냐는 거죠. 뭔가 숨겨진 요인이 있을 거예요. 그것을 꼼꼼하게 정리해보시는 게 좋을 것 같아요. 오늘은 굉장히 좀 중요한 얘기들을 한 것 같아요. 다음 회기 때 미래에 열정씨가 되고 싶은 모습들을 좀 더 구체적으로 같이 이야기 나눠봅시다. 어떤 부분을 변화시키는 게 가능한지 좀 얘기를 더 깊이 있게 해볼 필요가 있을 것 같아요. 자, 시간이 벌써 다 됐어요. 오늘도 여러 얘기를 했는데 어떤 게 느껴지셨을까요?

김 : 일단은 왜 이렇게 힘든지에 대해 명확하게 하는 연습을 많이 했는데요. 제가 앞으로 '어떤 식으로 되고 싶은지에 대한 상상은 별로 안 했구나.' 하는 생각이 제일 큰 것 같아요. 사실 다른 부분들은 다 어느 정도 이미 한 번쯤은 생각해봤을 수도 있고요. 특히 사회적으로 성공하고 싶은 모습인지 이런 것도 저 나름대로는 디테일하다고 생각했었는데요, 뭔가 있나 싶은 생각도 들어요. 그게 제일 컸던 것 같아요.

전 : 네. 숙제를 안겨드리네요. (웃음)

김 : 해야죠.

전 : 네. 근데 굉장히 의미 있는 작업이 될 수 있을 것 같지 않아요?

김 : 네. 일단 한 번도 안 해봤던 거니까요.

전 : 그래요. 한 번도 안 해본 거죠? 저는 열정씨가 굉장히 진지하게 자신에 대해 생각하는 모습이 장점인 거 같거든요. 물론 제가 느낀 부분이지만요. 어쨌든 좀 더 꼼꼼하게 내가 왜 이럴까, 걱정이나 근심이 무엇 때문일까. 생각해보면 열정씨의 어떤 미래의 삶에 도움이 되지 않을까 그런 생각도 들어요.

김 : 네. 지금 당장은 일차적인 것밖에 생각 안 나는데요. 그래도 한번 생각해볼게요.

전 : 네. 너무 무리하지는 마시고요. 가능한 만큼 생각해봐 주시면 좋을 것 같아요.

전 : 안녕하세요. 잘 지내셨어요?

김 : 네. 잘 지냈습니다.

전 : 네. 바쁘시죠?

김 : 네. 적당히 바빠서 괜찮아요.

전 : 그렇군요. 과제는 좀 어떻게 하실만하셨어요? 지난 시간 총무과 형 얘기해주시면서 여유 있고 매력적인 사람으로 바뀌면 좋겠다고 했 거든요.

김 : 네. 그 직원분 떠올리면서 계속 생각해보니까요. 뭐랄까. 의지할 수 있는 의젓함이 있는 모습인 것 같아요.

전 : 아, 그분이 갖고 계신 특성 자체가요?

김 : 네. 제가 총무과 바로 옆이거든요. 가끔 제게 한 번씩 말도 걸어주 시고 하는데요. 이게 말입니다. 어떤 선배가 말 걸어주면 피하고 싶은 경우가 있는데 이 분은 그렇지 않아요. 그러니까 반대로 저는 말을 먼저 걸면 좀 상대방이 거부감이 있으면 어쩌나 하는 두려움 이 있거든요. 그 부분에서 저와 다른 것 같아요. 그분의 그런 모습 이 부러웠어요. 자연스럽고 진정성이 느껴지고요. 그러니까 주변에

사람들이 자연스럽게 모이죠. 부러워요.

전 : 아, 그러니까 그분이 굉장히 좀 사람들을 편하게 해준다고 할 수 있을까요?

김 : 그렇죠. 그러니까 편하게 말도 먼저 걸어주시고, 어떻게 보면 좀 뭐라고 할까요? 분위기는 가볍고 재미있게 해주면서도 사람이 우습거나 가벼워 보이지 않고 그렇거든요. 저는 그런 모습이 되고 싶은 게 제일 큰 것 같아요. 참, 무엇보다 같이 있으면 편해요.

전 : 아, 그렇군요. 그럼 한번 여쭤보실 만도 할 것 같은데... 그 형과 좀 얘기 나눌 기회는 없었을까요? 같이 식사하신다든지... 그런 부분에 대해서 직접적으로 성격에 대해서 얘기하거나 그럴 기회는 없으셨을까요?

김 : 그렇게 많이 가깝지는 않거든요. 다른 팀이니까요. 그래도 총무과가 옆자리에 있으니까 좀 얘기하는 거는 있죠. 가까워질 기회가 많지는 않았어요. 만약에 가까워지면 좀 얘기 나눠보고 싶긴 해요. 저의 고민도 약간 오픈해보고요.

전 : 그렇군요. 저는 제3자 입장에서 듣다보니까 조금 궁금한 게, 총무과 형분이 그냥 타고난 기질이실까요? 아니면 동료나 후배들에게만 잠깐 보여지는 모습인지 궁금해지기도 해요. 사람들이 좋게 평가해주면 또 자꾸 하게 되는 면도 없진 않으니까요. 그분이 갖고있는 '여유'란 구체적으로 어떤 걸까요?

김 : 구체적으로 일단은 생각나는 대로 말씀드릴게요. 일을 되게 열심히

하세요. 집중력도 좋으시고요. 딱 집중할 때 집중하고, 농담 건넬 때 농담 건네고. 그런 스타일로 완급 조절을 진짜 잘하세요. 저는 일할 때 걱정도 자주 올라오고 집중도 안 되고 그럴 때가 많거든요. 뭔가 신경 쓰이고 그렇죠. 사람들한테 말을 걸거나 만날 때도 뭔가 신경쓰는 게 많은 거 같거든요. 그런 부분이 저와 좀 다른 거 같아요.

전 : 그렇군요. 그래서 열정씨가 총무과 형분의 저런 모습을 닮고 싶다고 말한 거였네요. 근데 또 거꾸로 생각하면 열정씨 주변에도 열정씨의 어떤 장점을 읽어주는 사람들이 있지 않을까요? 그게 아예 없지는 않더라고요. 사람마다 다 성향이 다르고 뭔가 특징이 다르고 하다보니까 말입니다. 거꾸로 열정씨의 닮고 싶은 부분도 있을 수 있죠. 자기가 별로 의식하지 못했던 거를 또 얘기해 주는 사람이 찾아보면 없진 않더라고요. 제 생각에도 총무과 직원분은 자연스럽게 사람들과 얘기하는 게 참 장점인 거 같아요.

김 : 음...

전 : 어쨌든, 열정씨가 갖고 있는 장점들도 분명히 있을 테니까 그 부분에 집중하는 것도 되게 좋지 않을까 그런 생각이 언뜻 드네요. 예를 들면 오늘도 열정씨는 일단 진지해요. 지금도 저랑 대화하는 걸 다 열심히 적으시잖아요. 특히 자기 마음 상태에 대해서 진지하게 관심이 많은 것처럼 느껴지거든요. 진지하게 말씀 하시는 것이 자기 마음에 관심이 있다는 어떤 증거인 것 같아요. 그래서 저는 그런 부분이 되게 인상적으로 느껴지거든요. 그래서 그 부분이 열정씨가 갖고 계신 굉장히 중요한 장점이 되지 않을까 그런 생각도

들고요. 그리고 그때 바꾸고 싶은 부분에서, 타인에게 완벽한 걸 바라는 거, 이 부분은 저도 조금 생각을 해봤는데요. 열정씨의 상황에 따라서 인간관계가 되게 많이 달라지는 것 같아요. 열정씨의 심리 상태에서 자존감이 좀 낮고 우울했던 모습이 불쑥불쑥 나타날 때가 있는 거죠. 지금이 좀 그런 때인 것 같고... 뭔가 좀 번아웃이 오기도 했고요. 그런 여러 가지 상황이 열정씨 본연의 심리 상태로 다 연결되어 있겠지만... 일단 타인에게 열정씨가 이런 것들을 너무 완벽하게 기대하는 거 아닌가 그런 생각도 충분히 할 수 있을 것 같아요. 그리고 이걸 고치고 싶다는 부분에서 자존감이 낮고 우울했던 모습은 글쎄요. MMPI검사 결과 정신과 우울증 약을 먹어야 될 시점은 아닌 상태라고 얘기했었잖아요. 그러니까 결론적으로 열정씨가 정신병리적인 부분에 있어 약을 먹어야 하는 상태는 아니라는 점, 그러니까 정상범주 안에서 스스로 충분히 조절을 할 수 있는 상태로 보이기 때문에 일단 저희가 탐색과정을 통해 무엇인지 찾으면 되는 것 같아요. 아주 단순하게 말하면. 이런 부분에 대해서는 오늘 조금 더 구체적으로 짚어볼 필요는 있을 것 같아요. 그러니까 정신 병리적인 문제가 아닌 어떤 정상 범주 안에서의 우울감 그리고 자존감의 문제라면 이걸 어떤 식으로 긍정의 방향으로 이동시킬 수 있는지 그걸 좀 같이 고민해 보고 싶거든요. 어떤 방법이 있을까요?

김 : 우울한 기분, 이런 거를 긍정적인 방향으로...

전 : 그때 말씀하셨던 것 중에 자존감이 좀 낮고 약간 우울했던 모습이 있다고 하셨잖아요. 열정씨가 자격지심이 있었던 게 가끔 불쑥불

쑥 나온다고도 하셨구요. 그래서 좀 더 그렇지 않은 모습으로 바꾸고 싶다고 말씀을 해 주셨는데요. 실제 직장이나 집에서 어떤 행위나 생각을 했을 때, 이것이 조금 나아질 수 있는지 같이 찾아보고 싶어요.

김 : 어떤 행동을 했을 때 자존감이 나아지는지요?

전 : 네. 그러니까 어떤 걸 했을 때 조금 좋아지는지? 예를 들면 누군가 열정씨가 한 일에 대해서 쓸모없다는 생각이 들 수 있잖아요. 그럴 때 뭔가 음악을 듣거나 열정씨가 좋아하는 영상을 보시거나 하는 그런 것이 부수적으로 도움이 될 수도 있잖아요.

김 : 제가 고등학교 2, 3학년 때인가? 한창 입시로 스트레스 받을 때 있잖아요. 그때부터 영상 만드는 게 저의 자존감을 올려줄 수 있는 유일한 일이었던 것 같아요. 실제로 잘하기도 했구요. 그러다보니 동기부여가 돼서 계속 영상을 했었던 거거든요. 제가 친구들처럼 게임을 잘하거나, 옷을 잘 입어서 다른 애들한테 막 멋있게 보인다든지 그런 것보다도 영상을 잘 만들어서 모두에게 인정받았거든요. 그러다보니 이런 것이 계속 커졌던 것 같아요. 그게 제 자존감으로 직결된다고 몸에서 인식을 했는지도 모르겠습니다.

전 : 그전엔 그런 게 없다가... 열정씨가 어떤 영상을 만들었는데 주변에서 굉장히 좋은 평가가 온 거네요.

김 : 네. 맞습니다.

전 : 그게 뭐였어요? 조금 간단히 소개해 줄 수 있어요?

김 : 그게 아마 고등학교 2학년 때인가 그럴 거에요. 폰으로 만들기 시작했는데요. 학교 애들의 어떤 일상을 담은 거에요. 야자도 하고 애들 농구도 하고 모의고사 망치고 갑자기 막 버스 타고 바다 가고 그런 좀 리얼한 스토리였어요. 별 주제도 없는 거였죠. 근데 친구들이 되게 잘 만들었다고 하는 거에요. 간단하게는 그렇게 시작했어요. 그거 가지고 나중에 회사 갈 때도 도움이 된 거죠. 뭐 제가 이력에 간단히 소개를 했는데 괜찮다는 피드백을 받았어요. 그러면서 인턴을 시작했는데 장비가 되게 열악했지만 실력이 굉장히 빨리 늘더라구요. 참 대학에서도 과제할 때 조별로 뭐 만들고 하잖아요. 그럼 제가 꼭 팀에서 제일 잘하더라구요. 애들이 잘한다고 자꾸 시키기도 하구요. 잘 만든다고 하면 또 기분 좋죠! 특히 학교에 미디어과 영상 기획하고 하는 그런 과가 있었는데요. 그런 전공 친구들이나 교수님들도 잘한다고 하니까요. '아, 진짜 내가 좀 소질이 있나?' 그런 생각이 들기도 하고 그랬어요. 기분 좋은 일이었죠.

전 : 그 정도면 열정씨가 갖고 계신 달란트가 아닐까 싶기도 하네요.

김 : 그렇게 생각이 드니까... 저도 계속 파고 파고 했던 것 같아요.

전 : 그러니까 남들과는 달랐네요. 그 부분에서는요.

김 : 네. 맞아요. 그 부분에 있어서 진짜 자신감이 넘치고 그래요. 영상에는 다양하게 여러 가지 분야가 있거든요. 저는 어떤 분야이든 배우는 걸 되게 빨리한다고 생각하거든요. 어느 정도 중간 레벨까지는 속도가 좀 빠르다고 느껴요. 그래픽도 하고 3D도 하고 촬영도 하고 할 게 많거든요. 근데 파트 불문하고 배우는 걸 다 잘하는 편

이에요. 이 정도 레벨을 고루 다 할 수 있는 사람이 몇 명 없는 거 같거든요. 그런 거 생각하면 자신감이 생기죠.

전 : 그러니까 어떻게 보면 다른 사람이 갖지 못한 능력이잖아요. 그걸 열심히 공부해서 만든 것도 아니었을 거고 고등학교 때부터 혼자 터득하고 재밌어서 한 거고. 과제 발표하고 이러면서 실력이 향상된 거잖아요.

김 : 네. 그렇죠.

전 : 그러니까 아주 소질이 있을 수도 있고 그때부터 조금 더 개발시켜서 지금까지 연결이 되는 게 아닐까 싶어요. 그리고 잘은 모르겠지만 주변에 그래픽이나 전공자들이 긍정적인 평가를 해줬다는 거는 어느 정도 소질이 있다는 것이기도 하잖아요. 어떻게 보면 메인으로 한 게 아니었으니 멀티가 가능했다는 건, 열정씨가 타고난 어떤 감각이 있을 수도 있을 거 같아요. 아니면 열정씨가 노력한 어떤 결과물들이 축적되어 나온 거겠죠. 가만히 있는데 그렇게 되지는 않았을 거 아니에요? 그러면 열정씨가 지금 제가 설명한 것들에 대해서 어떻게 생각하세요?

김 : 영상을 잘하고 능력이 있다는 것에 대해서 당연히 자부심을 갖고 있어요. 주위에서도 너는 잘하고 좋아하는 일을 하지 않느냐라고 부러워하는 시선들이 꽤 있거든요. 그런 것에 대해서는 되게 좋아요. 왜냐하면 제가 하는 일이 대체할 수 있는 사람이 몇 명이나 있지? 이런 생각을 하면 가치감이 느껴지거든요. 그 사람이 적을수록 가치가 있어진다고 생각을 하거든요.

전 : 네. 그렇군요.

김 : 그리고 어떤 면에서는 사회적인 가치와 맞물려 있을 때 되게 뿌듯해요.

전 : 아, 사회적 가치에도 관심이 있군요.

김 : 네. 그것에 불만은 전혀 없는 것 같아요.

전 : 근데 어떤 부분이 열정씨의 자존감을 낮게 하고 자격지심을 올라오게 하는 것 같아요? 어떻게 보면 굉장히 그 분야에서 달란트가 있고 사람들 평가도 괜찮고 하잖아요. 또 회사에서도 정규직원으로 됐다는 거는 기본적으로 능력이 인정됐다는 거구요. 뭔가 가능성들이 무궁무진한 위치로도 볼 수 있을 거 같거든요. 그런데 어떤 것이 열정씨의 우울감이나 자존감을 발동시키는 것 같아요?

김 : 일단 일적으로는 신나게 하다보면 능력이 처음에는 확 상승을 한다고 해요. 예술가들도 그렇다고 해요. 근데 그 레벨이 지나가면은 '난 진짜 우물 안 개구리였구나.' 그래서 기억은 안 나는데 무슨 그런 용어가 있다고 하더라고요. 그래서 그게 팍 낮아지면서, '내가 아직 진짜 모르는 정말 햇병아리였구나.' 그런 생각을 하게 된다고 하더라구요. 이렇게 확 내려졌다가 그다음부터 조금씩 조금씩 올라간다고 하더라고요. 약간 지금 확 내려가 있는 시점인 거 같아요. 그러니까 전체적으로 제 실력을 보면 피라미드로 비교했을 때 분명히 중간 레벨 이상은 온 것 같아요. 한 오십 프로 피라미드 중간까지는 올라온 것 같아요. 그런데 상층부에 있는 정말 잘하시는 분들을 보다 보니 저렇게 될 수 있을까? 그런 생각이 들어요. 근데

이런 우울감은 어느 정도 예측은 하고 있었거든요. 그래서 목표를 그냥 내가 할 수 있는 레벨로 두자. 그래야 부담감을 줄일 수 있겠다 싶죠. 그 부분이 심리적으로 부담이 큰 거 같아요. 그리고 몇 년 전, 이 일을 처음 시작했을 때 저랑 비슷한 레벨에 있던 사람들이 몇 명 있어요. 의지하던 친구이기도 하지만 어찌 보면 경쟁자들이기도 하죠. 그들 중 몇 명은 지금 아주 잘 나가거든요. 이름만 들어도 알만한 회사에서 유명인들도 만나 작업하곤 해요. 이런 거 보면 상대적으로 뒤처지는 것 같고, 그런 사람들은 프리랜서로 본인의 이름을 걸고 일을 하는 건데 저는 그런 걸 포기하고 직장을 들어온 거거든요. 월급쟁이로요. 그냥 그런 것들은 모른 척하고 있어요. 인스타그램을 팔로우하고 보고 있다가도 그런 것들이 괜히 나에게 우울감을 주니까... 좋은 자극보다는 우울감만 주다 보니 팔로우를 끊고 소식을 보지 않는 걸로 대응을 한 거죠.

전 : 음. 그렇군요.

김 : 그리고 성격 같은 것들은 뭔가 옛날부터 소심하다는 생각을 했어요. 남들도 소심하다는 말 많이 했구요. 어떤 곳에 보면 농담 삼아 지나갈 수 있는 말들에도 상처를 받고 그런 게 있거든요. 이번 주에도 일이 있었는데 여자친구랑 스티커 사진을 찍기로 했었어요. 여자친구가 저한테 표정을 그렇게 하면 진짜 모자라 보인다고 하는 거에요. '찐따!' 반 농담 같은 말 있잖아요. 그냥 뱉은 말일 수 있는데, 저는 그런 것들을 싫어하는 스타일이고. 그래서 결국에 여친한테 한 번 뭐라고 했었어요. 그랬더니 예민하게 군다고, 농담도 못 하냐고 재밌게 스티커 사진 한 장 추억으로 남기려다가 정말

220

기분 나쁘다고 하더라구요. 그런 일이 회사에서도 가끔 있는 거 같아요. 그러다 보니 절친 사이인 친구들만 남게 됐고요. 어찌 됐건 사회를 살다 보면 뭔가 그런 모습을 들키는 것도 되게 속좁아 보일 수도 있고, 분위기를 위해서는 그냥 웃어 넘겼어야 했는데 가끔 후회도 들죠. 그런 소심한 것들이 화를 나게도 하죠. 화가 나는 제 자신이 좀... 진짜 쉽게 살기 힘든 성격이구나 이런 생각도 들고요.

전 : 그런 사건이 있을 때마다, 마음은 좀 어땠어요?

김 : 마음속으로는 '뭐 그냥 하는 말이지 괜히 너무 저거에 집중하지 말자.'라고 생각해요. 그 한순간 때문에 기분이 팍 상했다기보다도 자꾸 분위기가 안 좋게 되는 게 있죠. 그때마다 뭔가 언짢다는 걸 표현할까 말까 고민했어요. 근데 어떤 때는 저 빼고 다 그냥 웃어 넘기는 분위기인 것 같으니... 그때 '뭐지?'싶죠. 이제 여자친구도 옆에 있고 괜히 분위기를 험악하게 만들고 싶지 않고 그럴 때도 있구요. 만약에 직장 동료가 이랬으면 언짢다는 표현을 확실하게 했었을 것 같긴 해요.

전 : 그러니까 어떻게 보면 그런 부분에서 예민한 건 맞는 것 같아요. 근데 그게 꼭 나쁘다, 좋다 할 수 있는 건 아닌 것 같아요. 그냥 그런 성향을 갖고 있는 것 같아요. 물론 너무 예민해서 정말 심하게 남한테 민폐를 주고 이러면 좀 문제가 될 수 있겠죠. 그런데 그건 아니잖아요. 조절이 가능하잖아요. 예민한 건 맞는 거 같아요. 아까 그 말씀하신 성공 사이클, 어떻게 보면 나의 분야에서 정점을 찍고자 하는 사람들, 열정 있는 사람들이 갖는 게 있죠. 지금 나이를 고려해 봤을 때... 물론 천재들은 뭐 10대 때 다 이루기도 하지

만 그건 소수고 너무나 이게 정상적인 곡선이나 루트인 거죠. 그러니까 우울감? 피카소도 그랬고, 에디슨도 그랬고, 여러 예술가든 전문가든 우울의 경험은 피해갈 수 없잖아요. 물론 그것을 과학적으로 말할 수 있는 어떤 명확한 근거 자료는 없지만, 대부분의 직업에서 많은 사람들은 이 경로를 겪는다는 거를 우리가 잘 알고 있어요. 선배들의 경험을 통해서. 그래서 어떤 면에서는 열정씨의 그 상태를 병리적인 것으로 취급 안 했으면 좋겠어요. 오히려 사람이 뭔가 바닥을 치는 것 같은 기분 상태를 경험할 때... 우울감을 경험했을 때... 종종 더 훌륭한 작품들이 나오는 경우도 있잖아요? 한편 열정씨는 자신의 우울하고 부정적인 기분이나 감정들을 일단 스스로 통제할 수 있어요. 일단 직장생활이 가능하고 거기서 계속 뭔가 하고 있어요. 저는 그 자체가 되게 의미 있다고 생각해요. 우리는 상담의 대가로 자주 프로이드를 얘기하지만 프로이드가 이런 얘기했거든요. 일상에 적응할 수 있을 만큼. 그러니까 일상에 적응할 수 있을 만큼이라면 충분한 거야. 일상생활이 가능한가 이건 정말 중요한 상담목표라고 했거든요. 일상에서 내가 지금 돈 벌고 있어, 여자친구 만나고 있어, 내가 지금 내가 맡은 일을 잘하려고 열심히 하고 있어, 그럼 충분하지 않을까요? 어떤 측면에서는 열정씨가 그 자체를 너무 축소시켜 본 게 아닌가 하는 생각이 들기도 해요. 제3자가 봤을 때, 그걸... 뭐라고 그러지... 조금 더 크게 봤으면 좋겠다는 생각이 들긴 해요. 열정씨가 지금까지 해왔던 거 있잖아요. 그리고 열정씨가 지금 노력하고 있는 부분. 그 부분을 조금 크게 봤음 어떨까 싶어요. 그리고 옆 사람의 장점은 잘 보이죠. 그런데 거꾸로 옆에 사람한테 열정씨가 갖고 있는 장점도 물어보면 좋을 거 같아요. 사람마다 갖고 있는 장점이 또 있거든요. 분명 있을 거에요. 물어보지 않아서 그렇지. 그래서 열정씨가 갖고 있는 걸 좀 더 자세히 보면 어떨까 이런 생각이 들어요.

김 : 좋은 점에 좀 더 집중하고...

전 : 아니, 좋은 점이라기보다는...

김 : 장점, 남들이 봤을 때의 장점?

전 : 아니요. 장점만은 아니에요. 열정씨가 거쳐온 경험, 좋은 거든 나쁜 거든... 가족 얘기도 조금 해 주셨고. 그리고 (인간) 관계 면에서 고민하는 열정씨가 갖고 있는 점 등 지난 회기 동안 많은 말씀을 해 주셨거든요. 그것들 모두가 열정씨의 경험이고 인식이고, 또한 열정씨의 감정 상태인 것 같아요. 거기서는 좋은 일도 있을 수 있고 안 좋은 일도 있을 수 있고 다양한 경험이 있죠. 보물 상자처럼 다 있는 거예요. 옆에 총무과 형님이라는 분도 편하게 얘기하고 여유 있고 그런 부분이 있다고 하셨지만, 사실 그 모습은 일부분일 거에요. 사실 그분 역시 또 다른 고민이 있을 거예요. 그래서 (앞을 향해 나가는) 어떤 곡선. 뭔가 열정씨 분야에서 좀 더 어떤 전문가가 되기 위한 그런 과정을 거치고 있는 중으로 보이는데, 그 과정에서 조금 다운된 상태랄까. 그런 지점을 전체 맥락에서 봤으면 해요. 열정씨가 '지금 이쯤이구나.' 하고 알아차리고, 정상으로 가는 길은 조금 천천히 가면 어떨까 싶기도 해요. 안 하고 있는 게 아니니까요. 포기한 것도 아니고 조금 우울하면 어때요? 전 그렇게 생각하거든요. 상담을 몇 번 받으면 우울이 없어질까요? 그렇지 않거든

요. 계속 우울감은 경험할 거에요. 상담사도 마찬가지. 그냥 나의 어떤 상태를 일단 스스로 수용하는 쪽으로? 그 방법이 제일 좋은 거 같아요.

김 : 수용한다? 이건 계속 마음속으로 노력을 좀 해야 하는 거네요?

전 : 노력이라기보다는 있는 그대로 받아들이는 거랄까요? 그냥 내가 나를 있는 그대로 받아들이는 거에요. '아, 오늘 내가 지금 우울한 상태구나.', '내가 오늘 그 사진 작가 때문에 기분이 나빴어, 기분이 나빴는데 옆 주변 사람들에게 좀 분위기를 망치지 않기 위해서 내가 일부러 참은 게 있어.' 예민한 기질은 기질적인 거라서 제가 볼 때는 쉽게 바뀔 것 같지는 않아요. 그래서 자신이 갖고 있는 것을 안 좋게 평가하기보다는 가능한 건 자원으로 연결시키는 거죠. 자원으로. 이미 영상 만드는 데에 대해서 열정씨가 갖고 계신 꼼꼼함이나 예민함 이런 것이 자원으로 연결됐을 거예요. 잘 인식하지 못해서 그렇죠. 그걸 언어로 굳이 표현하지 않았을 뿐이죠. 그런 생각이 드네요.

김 : 음...

전 : 자존감이 낮았던 거, 자격지심이 조금 올라왔을 때도 마찬가지로 그 수용의 방법을 쓸 수 있어요. 완벽주의의 잣대를 나한테 들이대는 거... 사실, 사람은 계속 완벽할 수 없잖아요. 나는 굉장히 한 인간으로서의 연약한 사람이죠. 되게 강한 것 같지만 한편 나약하고. 정말 이 분야에서 큰 정점을 찍고 싶고, 나의 이름을 세상에 알리고 싶고 그런 게 인간의 욕심이겠죠. 근데 사실은 미물 같은 존재

고. 그러니까 말씀하신 대로 피라미드 끝에 올라가더라도 그 위에 나보다 잘난 사람은 얼마나 많아요. 그럼 너무 실망스럽겠죠. 사실은 내가 가고 싶은 건 최고의 자리였는데 또 많은 다른 세계의 사람들이 존재하고. 그게 실망을 안겨줄 테지만 그런 것을 또 일부 받아들이고. 그러면서 성장해 가고 그런 것 같아요. 저의 주관적인 생각이에요. 자존감과 우울했던 모습 여기에 관해서 조금 얘기 나눠봤는데, 뭐가 느껴지세요?

김 : 솔직히 말하면, 저도 그렇게 생각하면 좋겠어요. 애당초 기분 나쁜 것까지 안 했으면 좋았을 텐데, 왜냐하면 그렇게 되면 이런 노력조차 안 할 것 같기도 해서요. 그래서 더더욱 그럴 때마다 드는 생각이 내가 진짜 막 엄청 유명한 사람이 되거나 차라리 어려운 사람이 되는 게 편할 수도 있겠다 싶어요. 엄청 유명한 감독이 되면 사람들이 엄청 잘해주지 않을까요? 이게 바보 같은 생각인 건 알지만 푸념처럼 그런 생각도 들거든요. 그리고 돈 엄청 벌어서 호텔같이 고급진 데만 다니면 사람들이 다 친절하니까 편하지 않을까 싶기도 해요. 그렇다고 이 상황을 다 피할 수는 없을 건데 말입니다. 말 그대로 피하는 거고... 또 지금 너무 열심히 하고 싶은 마음은 없지만 매번 발전해야 한다는 강박이 좀 있어요.

전 : 그렇군요. 발전해야 한다는 강박은 어떤 거예요?

김 : 일적으로 좀 능력이 필요한 거죠. 예전보다 더 잘 만드는 디테일이 있다거나... '영상 더 잘 만들어야 하는데....' 이런 거요.

전 : 그 생각은 어디서 온 것 같아요?

김 : 영상을 잘 만들어야 한다는 거요?

전 : 영상을 잘 만들어야 된다는 생각의 뿌리가 되는 것들이 있을까요?

김 : 네. 두 가지에요. 남들이 무시 안 하고 인정해줬으면 좋겠다. 그거 하나랑 빨리 돈을 엄청 많이 벌어 고생을 그만하고 싶다.

전 : 그만하고 싶다?

김 : 네. 고생을 그만두고 싶어요. 이제, 고생을 그만하고 싶어요.

전 : 네. 너무 달리셨죠. 그리고 인생의 가치에서 타인의 인정과 돈이 굉장히 중요한 키워드네요?

김 : 네. 타인의 인정이 좀 더 큰 것 같아요. 한 6대 4정도? 요즘 현대인들이 SNS에서 우울감을 많이 느끼기도 하지만 확실히 타인으로부터 인정 많이 받고 싶어하는 것 같아요. 그게 좀 큰 것 같긴 해요.

전 : 그래서 지난 시간에 말씀하셨던 것 중에 '교수'나 '특강'이라는 단어가 등장했을 수도 있네요?

김 : 네. 맞아요.

전 : 그렇죠. 뭔가 사회적인 어떤 역할이나 지위 그런 게 분명히 있으니까. 그게 있으면 훨씬 열정씨의 커리어에 도움이 되고 그런 게 있죠.

김 : 종종 저희 회사 네이밍 때문인지 직원분들도 방송인터뷰 종종 하시더라고요. 기사 같은 게 나가면 인정해주고 알아봐주고 좋죠. 사실상 제가 하는 일이 잘돼서라기보다도 어찌 보면 회사 이름 때문

에 후광을 본 거긴 하겠지만요.

전 : 네. 기분 좋은 일이죠.

김 : 그런 걸 갈구하는 걸 보면 결국에는 인정을 받고 싶어서 이 일을 하고 싶은 건가 이런 생각이 들기도 해요.

전 : 그러니까 인정은 단순한 어떤 친구나 동료의 인정이라기보다는 뭔가 사회적인 명예와 연관된 것 같거든요.

김 : 예. 맞아요.

전 : 근데 사회적 명예를 열정씨가 마음에서 원하고 있으니 그것을 잡으시는 것이 열정씨가 행복을 만나는 걸 수도 있지 않을까요?

김 : 음... 일단 순간적으로는 당연히 행복할 것 같긴 한데요... 잘 모르겠어요. 뭐랄까. 자괴감, 회의감이 들거나 이렇지는 않을 것 같은데...

전 : 아니, 도움이 될 것 같아요. 열정씨가 그 이후로 교수를 하실 수도 있고. 그거는 가봐야 아는 거지만... 어쨌든 열정씨 커리어에 도움이 되는 일이잖아요. 기사에 실리거나 인터뷰를 하거나, 특강을 가거나, 교수라는 직위가 주는 우리 사회의 어떤 위치가 있고. 그 네이밍만 갖고 할 수 있는 것들이 굉장히 많다 보니까. 거기서 오는 게 열정씨한테 마이너스를 주지는 않을 것 같아요. 마이너스 줄 거는 별로 없을 것 같아요. 그렇지 않나요?

김 : 생명이 짧은 운동 선수들도 은퇴를 하고 나면은 과거의 업적을 보

잖아요. 그런 것처럼 저도 막 누구나 알만한 작품 하나 정도를 하면 저에겐 터닝포인트일 듯해요. 언제 리더랑 얘기한 적이 있어요.

전 : 아, 그렇군요. 저는 그걸 위해서 굉장히 치열한 노력을 하시는 것이 좋을 것 같아요. 너무나 뻔한 얘기가 될 수도 있겠지만.

김 : 예. 맞아요. 근데 그동안 한 6−7년 앞만 보고 달려왔는데... 요즘엔 그게 안 되니까... 마음과 달리 달릴 힘이 없어지는 느낌이랄까요? 뭔가 마음속으로 엔진이 고장났나 하죠. 탈진이에요. 이런 심리상담을 요청하는 것도 약간 벅차고요.

전 : 그래요. 처음에 말씀하셨던 거. 그 동기를 찾아내기에는 너무나 짧은 시간이긴 한데... 우리가 얘기한 것들에서 이미 답이 많이 나온 것 같아요. 그동안 너무 앞만 보고 달려만 오셨죠.

김 : 그래요?

전 : 네. 제가 볼 땐 그런 것 같아요. 스스로 이 시점에서 평가해 봤을 때, 어때요?

김 : 솔직한 마음으로는 뭔가 공대생이다 보니까 그런지 해답이 딱 있으면 좋겠다? 그런 생각도 들어요.

전 : 맞아요. 저도요. 아주 명쾌하게!

김 : 그런 기대도 없지 않아 있었지만. 결국에는 제가 이 생각을 바꾸기 위해 노력을 해야 하나 그런 생각이 들었어요. 선생님께서 '우울감의 근원은 뭘까요?' 그 질문을 받았을 때, 또 '어떤 것들이 자존감

을 낮게 해요?'라고 질문해 주셨을 때 '뭘까?' 이런 생각이 들더라고요. 그러니까 평소에 안 해봤던 생각을 해본 거죠. 그런 거에 대해 제가 깊이 생각을 안 했었네… 뭐 이런 생각이 좀 들긴 해요.

전 : 그렇군요. 그럼 앞으로 어떻게 살아갈 것 같아요?

김 : 앞으로요?

전 : 네. 너무 멀리 잡으면 머리 아프니까… 상담이 다음 주쯤 끝나겠죠. 상담이 다 끝나고 올 하반기는 어떻게 살아갈 것 같아요?

김 : 요즘 영상 만드는 일을 더 이상 못할 수도 있겠다는 생각이 좀 들어요. 무너질 것 같은 느낌이 드는데… 뭐랄까? 이 회사 이상 좋은 처우를 구할 수 없을 것 같아요. 그래서 쉽게 그만둘 수 없겠다? 일단 버텨봐야겠다? 버티면서 선생님한테 심리상담 도움도 받고 있고 결국에는 어떻게 되겠지… 이런 마인드를 좀 갖고 있어요. 약간 역설적인 건데 차라리 잘리면 좋겠단 생각도 해요.

전 : 네. 그만큼 힘들단 거겠죠?

김 : 네. 부담감이 크니까… 차라리 '설마 잘리기야 하겠어?' 이러면 그냥 마음대로 해봐야겠다? 뭐 이런 생각도 하구요. 실제로 우리 회사는 도전하는 것에 가치를 두니까 '이것저것 시도해 보세요.' 이런 식으로 얘기하거든요. 실제로 제가 여기 들어온 지 한달 정도 됐을 때 반년 정도 다니신 분이 퇴사를 하셨거든요. 그분은 경영팀이셨는데요, 여러 업무강도가 무지 센 거 같더라구요.

전 : 그러니까 지금 직장 업무에 스트레스가 심한 건 맞고. 그렇죠? 어

229

떻게 보면 스스로 인지적인 전략을 굉장히 잘 쓰고 있네요.

김 : 네. 어떤 면에서요?

전 : 차라리 회사에서 잘리자는 부분 말입니다.

김 : 네. 차라리, 맞아요.

전 : 어떻게 보면 열정씨의 어떤 인지적인 전략인 거죠. 너무 힘드니까. '잘리려면 잘려.' 근데 사실은 안 잘릴 걸 본인이 안단 말이죠. 그리고 회사를 안 나가지는 않을 거고. 그렇죠?

김 : 맞아요. 그렇다고 제가 대충할 것도 아니고...

전 : 그렇죠. 그러니까 본인이 어쨌든지 적응하고 전략을 써가면서 잘 적응하고 계신거죠.

김 : 아, 그런면에서 동료들한테 물어보고 싶기도 해요. 저와 일하는게 어떤지 종종 궁금하거든요.

전 : 네. 조금 물어보면 좋을 것 같아요.

김 : 실제로 어떤지...

전 : 네. 실제로. 저는 이렇게 상담에서 만나니까 좀 한계가 있고요. 회사에서 점심 드시고 커피 마시는 시간 있으시잖아요. 티타임 때 다 얘기하기는 좀 그렇겠지만... 그래도 조금 편한 사람한테 '좀 이런 거 어때?', '나 어떤 것 같아?', '내가 이런 말 할 때 어떤 게 느껴졌어?' 이런 식으로 간접적으로 물어보세요. 그러면 뭔가 얘기를 해

줄 거 아니에요? 그럼 상대방 얘기를 듣고 열정씨가 어떤 생각을 할 수도 있고 아닐 수도 있겠죠. 뭔가 '내가 지각하는 나'와 '타인이 지각하는 나'하고 통합해서 열정씨를 지각할 수 있을 거에요. 그리고 내가 몰랐던 걸 알 수도 있을 것 같아요. 열정씨가 a라고 생각했던 부분에 대해 어떤 사람이 b이라고 얘기해 주면 그런 게 있었나 하면서 생각해볼 수도 있구요. 그럼 종합적으로 정리가 잘 될 것 같다는 생각이 들기도 해요. 아주 어렵게 많이 물어볼 필요는 없겠지만요.

전 : 마지막 질문인데요. 열정씨 앞에 돌덩이가 이렇게 3개가 있어요. 그래서 열정씨가 치우고 싶어요. 좀 치우고 가고 싶어요. 돌덩이 3개가 있다면 어떤 돌덩이인 거 같아요? 그게 (인간) 관계 관련해서도 있을 수 있고, 아니면 열정씨 자신에 대한 어떤 부분일 수도 있구요.

김 : 무기력함, 답이 되나요?

전 : 네. 어떤 이름이든 붙일 수 있어요.

김 : 무기력함, 그리고 상대방이 나를 좀 부정적으로 보지 않을까 하는 걱정.

전 : 타인의 시선, 또?

김 : 잠시만요. 음... 일단 두 개가 제일 큰 것 같아요. 그래도 마지막 세 번째가 있다면 능력만큼 실력을 발휘하지 못할 수 있는 상황. 어떤 부당한 상황이랄까요?

전 : 음... 능력이 발휘되지 못할 어떤 상황?

김 : 네. 그렇게 될 수도 있을 거 같아요. 뭐랄까요. 약간 부당한 것이 찾아오면 어떨까 하는 두려움, 부당함에 대한 두려움?

전 : 부당함에 대한 두려움?

김 : 네. 저는 능력이 충분히 있음에도 기회가 오지 않는다든지 기회를 뺏긴다든지 그런 상황. 뭔가 제 능력을 믿지 못할까 하는 그런 걱정도 있구요.

전 : 네. 그럼 첫 돌덩이부터 자세히 볼까요? 첫 번째 무기력함은 뭐예요? 무기력함의 대상이랄까요?

김 : 예전에는 제가 뭔가 할 게 있으면 바로 했거든요. 기대감도 있었구요. '이거 만들면 되게 멋있겠다.' 이러면서 막 혼자 신나서 했거든요. 근데 지금은 해야 하는데 이러면서 질질 끌어요. 게을러진 건지 동기가 떨어진 건지 모르겠어요.

전 : 네. 그렇군요. 일단 돌덩이 3개 있죠?

김 : 네.

전 : 이름을 붙여볼래요? 별명 같은 거. 짧아도 되고 길어도 되고 동물, 식물 모두 가능합니다.

김 : 무기력함은 자연재해... 마음이 갈라지고 땅으로 꺼지는 느낌. 그리고 두 번째는 허공치기. 음, 뭐랄까요. 대상 없이 막 허공을 치는 거에요. 그러니까 상대방이 나에게 어떤 시선을 보내지 않았는데

요, 혼자서 허공을 치는 거죠. 바보같이. 말하다보니 진짜 바보 같네요.

전 : 그렇군요. 자연재해는 열정씨가 컨트롤할 수 있는 범위 밖에 있는 느낌이네요. 허공 치는 건 뭘까요? 시간이 벌써 다 됐어요. 다음 시간이 마지막이잖아요. 이 돌덩이들 어떻게 좀 치우고 나갈 수 있는 그 방법들을 조금 생각해 오시면 좋을 것 같아요. 그 돌덩이를 내가 조금 살짝 옆으로 옮겨 놓을 수 있다면 좋겠고. 만약 열정씨 혼자 할 수 없다면 조금 다른 방법으로 옆에 사람한테 도와달라고 할 수도 있을 것 같아요. 예를 들면 부정적으로 날 보지 않을까 하는 걱정은 사실 다른 사람과 얘기하는 과정에서 의외로 아주 쉽게 해결될 수도 있어요. 팀이 5명이라고 하면 그 사람들과 얘기를 해보는 거죠. 그럼 '아, 네가 부정적인 건 이거야.', '어떤 부분에서 선배님 얘기를 들으니 이런 건 장점이 되는 거 같아요.' 이런 저런 생각을 해볼 수도 있겠죠. 의외로 아주 명쾌하게 해결이 될 수도 있어요. 그게 하나의 방법이 될 수 있겠죠. 그리고 지진이라는 거 자연재해는 좀 어려운 것 같긴 해요. 인간을 불안하게 하는 것 같아요. 통제할 수 없을 것 같거든요. 근데 이놈들도 예방은 하잖아요. 지진 나면 책상 밑으로 숨어보는 연습을 하잖아요. 인간이 할 수 있는 범위 내에서 어떤 걸 좀 하면 나한테 도움이 될지... 그걸 생각해 오시면 좋을 것 같아요. 그리고 돌덩이를 치울 수 있는 자원이랄까요? 열정씨 주변의 자원들. 그리고 열정씨 마음 안에 있는 자원들. 자원들을 활용해서 이 돌덩이를 치우면 좋겠거든요. 자, 그럼 마지막으로 느낀 점 나누고 마칠까요? 오늘은 뭐가 느껴지실까요? 오늘도 뭐 이런저런 얘기하면서 많은 얘기를 한 것 같아요.

김 : 솔직하게 만병통치약 같은 건 없구나. '나도 생각을 좀 해봐야 하는구나.', '어떤 생각으로 출구를 뚫어야 하나.', '선생님이 그런 걸 조금 도와주시는 거구나.' 그런 생각도 조금은 들고요. 나름 제가 생각했던 것들이 선생님이 제시해 주는 것들이랑 겹치는 부분도 몇 개 있었어요.

전 : 그렇군요. 만병통치약이 없다. 참 좋은 말이네.

김 : 지금 별명 지어보는 것도... 제가 예전에 그런 용어를 만들어볼까 생각했었거든요. 우울하거나 그런 시기가 오면 '이 시기에 대한 용어를 만들어야 인지하는 데 도움이 되겠구나.' 그런 생각도 좀 했었거든요.

전 : 와, 어떻게 생각하셨을까요? 전공도 아닌데. (웃음)

김 : 중학교 때부터 고민이 많다 보니... 언어로 명명해야 인지하기가 쉬울 거 같더라구요. 오늘 얘기하다보니 '제가 평소에 했던 것들이 도움이 되는 노력들이었구나.'이런 생각도 해보게 됩니다.

전 : 좋습니다. '언어를 만들어야 인지가 쉽다?' 이 얘기와 관련된 얘기가 있어요. 미국 가족 치료사 중에 거트만 박사라는 분이 계시거든요. 지금 열정씨가 한 얘기와 비슷한 이론이 있어요.

김 : 진짜요?

전 : 네. 그러니까 거트만 박사는 인간의 감정표현과 관련하여 문 손잡이에 비유하셨어요. 문 손잡이가 있어야 문을 열고 닫기 쉽잖아요. 자기 마음상태(감정)를 정확히 짚을 수 있는 단어를 알아야 한다고

했죠. 그 언어를 아는 게 문 손잡이가 있는 거에요. 문 손잡이가 없어도 문을 열고 닫을 수는 있잖아요. 힘겹게. 근데 손잡이가 있으면, 자기 마음이 우울인지, 허무함인지, 아니면 힘차게 나아가는 에너지틱한 상태인지 알아야 된다는 거죠. 그 감정을 인지하고 타인한테 전달해주고 그런 상호작용이 소통에서 중요하다는 거거든요.

김 : 네. 맞아요. 엄청 특별한 이름을 지은 건 아니겠지만, 그래도 약간 요즘 우울한 시즌이네요. 이걸 느끼긴 해요. 아무튼 그 정도인 것 같네요. 크게 노력을 해야 한다, 뭐 그런 건가요?

전 : 아니, 노력은 너무 많이 하지 마세요. 열정씨는 노력을 너무 많이 해왔거든요. 말씀하신 것처럼 6-7년 동안 너무 열심히 사셨다면서요. 음악 한 곡에도 쉼표가 있는데 사람이 에너지가 한계가 있죠. 이걸 언제까지 쉬지 않고 할 수 있겠어요? 그러니까 여건이 허락되면 조금씩 5분이든 10분이든 해보면 좋겠어요. 이런 상담도 그런 기회가 됐으면 좋겠고. 너무 달렸으니까 조금 쉬어가요.

김 : 또 말씀하니까 생각이 나는데요. 느낀 점 하나 있어요. '그냥 해볼까?' 제가 공대생이라서 정확한 증거가 있어야 믿는 편인데. 막연한 믿음을 좀 가져볼까 그런 생각도 들어요. 그럼 뭐 좋은 에너지가 생기지 않을까 막연한 생각이 드네요.

전 : 좋은 생각입니다. 과학이라는 것도 공대라는 사실도 논리가 강조되는 영역이니까. 조금 답이 없는 쪽은 생각하기 어려울 수 있죠. 그쪽으로 훈련을 받았으니까요.

김 : 음... 답이 없다기보다는... 뭐 이유가 있겠지 이런 생각도 해요.

전 : 모든 상황에 이유가 명쾌하면 참 좋을텐데 약간 삶이 수학 공식처럼 그냥 1 플러스 1은 2라고 딱 떨어지지는 않다보니... 복잡하죠. 그렇죠?

김 : 맞아요.

전 : 저도 참 이쪽 분야에 있지만 상담쪽 분야는 답이 딱 떨어지는 게 별로 없습니다. 사람 마음에 변수가 너무 많아서겠죠? 사람들은 스스로 타당하지 않은 건 납득하지 않는 경향이 있죠. 어머, 시간이 정말 빨리 가는 거 같아요. 벌써 마칠 시간이 됐네요.

김 : 그러게요. 빨리 가네요.

전 : 과제로 아까 그 돌덩이들에 관해 열정씨가 갖고 있는 자원들이 무엇인지, 그것들을 어떻게 활용할 수 있는지 생각해 오면 좋겠어요. 조금 번거로우실 수가 있지만 그래도 시도해보면 좋을 것 같아요. 조금 디테일하게 설명드리면 자원을 100가지 정도를 쓰게 하거든요. 만약 가능하다면 그걸 좀 작성해 보시면 좋을 것 같아요.

김 : 백 가지요?

전 : 네. 메일로 자원을 쓸 수 있는 바둑판 같은 활동지를 보내드릴게요. 검정 바둑판에는 열정씨의 강점을 쓰면 돼요. 또 하얀 바둑판에는 상대방이 봐주는 나의 강점이에요. 여자친구분한테 물어봐도 되고 친구, 회사 동료, 또 옆에 앉으신 총무과 형 이런 분들한테 여쭤보고 그걸 채우시면 돼요. 그래서 그 강점들을 토대로 세 개의 돌덩이를 치울 수 있는 방법들을 생각해 오시면 좋을 것 같아요.

김 : 네. 저의 자원이군요.

전 : 네. 메일로 바둑판을 보내드리도록 할게요.

김 : 알겠습니다. 오늘도 고생 많으셨고요. 감사합니다.

김 : 안녕하세요.

전 : 우리 지난 시간 활동지에 강점 채워보자고 했었는데요. 혹시 좀 적
　　어보셨어요?

김 : 일단 다 채우지는 못했고요. 몇 개 적어봤는데요. 혼자 음악을 들
　　으면서 생각해보거나, 일기를 쓰거나, 해야 할 일을 정리해보거나
　　하는 게 있더라구요. 또 음식을 잘 먹는거도 있는 거 같아요. 혼자
　　하는 게 좀 많더라구요.

전 : 아, 그렇군요. 여자친구도 적어주신 게 있으실까요? 타인이 보는
　　강점 부분에서요.

김 : 네. 너무 바빠서 여친한테는 못 물어봤어요.

전 : 아, 그렇군요. 어쨌든 주변 몇몇 사람들한테 몇 가지 체크해 보시
　　고 기록하시면서 어떤 생각 드셨어요?

김 : 아, 그게 사람들한테 물어보면서 느낀 점이 '제가 혼자 좀 해결하
　　려는 모습이 있구나.'라는 생각이 들었어요.

전 : 음... 혼자 좀 해결하려고 하는 열정씨의 모습을 보게 된 거네요.

김 : 네.

전 : 그 모습에 대해서 스스로는 어떤 것 같아요?

김 : 음... 저는 뭐 다들 힘든데 이런 문제가 생길 때마다 남한테 의지하는 것도 좀 좋지 않을 것 같다는 생각이 들거든요.

전 : 그러니까 그 부분에 대해서는 대체로 만족하는 편일수도?

김 : 네. 굳이 뭐 그저 그래요.

전 : 네. 좋아요. 저희가 몇 번 만나면서 어떻게 보면 짧은 시간인데 많은 얘기를 한 것 같아요. 첫 시간에 검사 결과에 관해서 좀 얘기하면서, 약간의 우울감과 좀 내향적인 부분과 약간의 사회적인 불편감에 관해 얘기했었고, 책임감이 높은 편이라는 얘기도 했었죠. 무엇보다 일에 대한 열정이나 일에 대한 애착이 많은 거 같다는 얘기와 그러면서 좀 부정적인 생각을 긍정적인 생각으로 바꿨으면 좋겠다는 그런 얘기도 했었구요. 이렇게 저와 몇 차례 대화하고 마음에 관해 살펴보면서 기존에 알지 못했던 자기 모습에 대한 발견이 혹시 있으셨을까요? 기존에 알던 모습에 대한 확인도 좋구요.

김 : 나름 마음을 다스리는 거니까 머릿속을 어느 정도 정리할 수 있었어요. 나름의 방법을 찾아가고 있나 이런 생각도 들구요.

전 : 그렇죠. 상담사를 거울 삼아 자신의 모습을 조금 더 명확하게 볼 수 있는 부분도 없진 않은 거 같아요. 그리고 나름대로의 방법을 충분히 활용하시고 있는 것 같기도 하구요.

김 : 네.

전 : 그때 돌멩이에 이름도 붙였었죠. 앞길을 가로막는 돌멩이를 보면서 자원을 어떻게 활용하고 헤쳐나가는지도 살펴봤구요.

김 : 근데 진짜 솔직하게 말씀드리면 이거 가지고 어떻게 해야 한다? 뭔가 명쾌하게 떠오르는 건 딱히 없었어요.

전 : 맞아요. 몇 번 상담을 한다고 해서 문제가 마술처럼 사라지지는 않아요.

김 : 네. 근데 마음을 잘 다듬고... '이렇게도 해보면 좋겠다.' 이런 생각 정도 할 수 있었어요. 요즘 솔직한 생각으로는 빨리 돈벌어 은퇴하고 싶다는 생각도 들거든요. 돈만 있다면요. 그럼 좀 행복해지지 않을까 뭐 그런 생각도 요즘 자주 하거든요.

전 : 음, 경제적인 거네요.

김 : 맞아요. 지금 말한 거는 그래요. 경제적인 것들이 좀 되면 달라지니까요.

전 : 경제적으로 나아지면 어떤 것들은 자연스럽게 사라질 것이다. 일부 맞는 말입니다.

김 : 그래서 요즘 여자친구랑 자주 하는 얘기가 재테크 잘하자, 다달이 들어오는 수입이 있다면 어디 한가로운 데 가서 카페를 하든 여행 유튜버를 하든 하면 좋겠다고 얘기하거든요. 최근에 부산을 3박 4일 갔다 왔거든요. 그때 돌아다니면서 '같이 오래오래 이렇게 오랫

동안 계속 붙어 있음 좋겠다.'고 생각했어요. 간만의 휴가라서 그런지 좋더라구요.

전 : 맞아요. 얼마나 좋아요. 사랑하는 사람과 오붓하게 바다도 즐기고 맛집도 다니구요. 저희 처음 얘기할 때, 열정씨가 가장 필요로 했던 것이 첫 번째는 다른 사람들의 인정이었어요. 그리고 두 번째는 다른 사람들이 열정씨를 무시하지 않는 거였구요. 거기엔 돈이 매우 중요한 키워드였구요. 그래서 경제적인 게 굉장히 중요한 거는 사실이고, 그것이 어떤 방식으로든지 해결 되면 좋겠어요. 어느 정도 자산이 축적되거나 좀 안정되는 방향으로 말입니다. 그럼 지금 이런 것들에 어떤 다른 이름이 붙여질 수도 있을 것 같아요. 사실 무기력한 것도 그런 거잖아요. 그러니까 하루종일 열심히 일하고 하는데 당장에 뭔가 내 앞에 아주 가시적으로 보이는 큰 것이 생기지 않으니까 힘들죠. 거기서 오는 것도 굉장히 크지 않을까 싶어요. 그렇죠? 근데 그 부분에 있어서 반드시 이렇게 할거야라는 어떤 기대나 포부는 좋지만 돈이 모이는 데 시간이 오래 걸릴 수 있어요. 단번에 푸드트럭 해가지고 대박이 나서 돈을 많이 벌면 진짜 땡큐죠. 하지만 대체로 그렇지 않으니까요. 그렇게 되기가 쉽지가 않고 보통 시간을 길게 잡는다면... 사실 이 돌덩이들을 계속 갖고 가야 되는 거죠. 그 걸어가는 과정에서 혹시 다른 방법은 없는지 생각해볼 필요가 있을 것 같아요.

김 : 아, 조금 더 장기적으로.

전 : 왜냐하면 경제적인 건 대부분 길게 시간이 걸릴 수도 있는 일이니까요. 예를 들어 푸드트럭을 했는데 망할 수도 있어요. 물론 성공

할 수도 있죠. 잘 되면 좋지만 굉장히 여러 경로들이 있다 보니까. 그 돈이라는 것을 열정씨가 지금 현재 상황에서 어떻게 해석하고, 돈이라는 것에 대해서 어떤 식으로 어떤 경로를 시도해 볼 것인지. 그리고 잘 되지 않았을 때 열정씨가 어떻게 할 것인지, 그리고 정말 그런 것들이 끝까지 안 될 수도 있잖아요. 정말 그건 우리가 바라는 건 아니지만, 어떤 이유로든지 우리가 원하는 걸 계속 잡지 못할 수도 있잖아요. 그렇게 됐을 때는 어떤 방식으로 살아갈 수 있는지. 이런 것들을 좀 전체적으로 따져볼 필요는 있는 것 같아요. 이미 지금 직장에 자리 잡은 건 뭔가 안정적이란 점에서 플러스 부분이구요. 그리고 수익을 얻는 부분에서 지출을 일부 막을 수 있다면, 어떤 부분에서 라이프 스타일을 조금 바꿔볼 수도 있는 거구요. 원한다면. 절약이 되는 방향으로. 그건 어떤 한정된 자원에서의 뭔가 관리가 되겠죠. 어떤 관리를 시도해 볼 수도 있고. 여러 가지 고민을 해야 될 부분이 있는 건 맞네요. 그 돈이라는 거에 대해서 어떤 식으로 관리를 할 것이고 앞으로 어떤 식으로 내가 투자를 할지, 다른 일을 한다면 어떤 방식으로 투자를 하고 아웃풋을 내기 위해 시도를 할 것인지. 이게 참 어려운 것 같아요. 누구에게나 그렇겠죠.

김 : 네. 일단 들으면서 드는 생각은 아까 제가 말씀드렸던 경제적인 자유를 넘어서는 거까지는 아니어도 조금 목표를 구체적으로 잡아볼 수는 있을 거 같아요. 지금은 수도권에 살지만 조금 다른 곳으로 이사를 가서 거주 불안을 해소할 수도 있을 거 같구요. 그럼 대출에 대한 부담감은 조금 줄여볼 수 있었던 거 같아요. 그리고 기대치를 좀 낮춰볼 수도 있을 거 같아요. 월급은 고정적으로 나오기

때문에 일을 너무 혹사시키면서까지는 안 해도 될 거 같아요. 좀 기대치를 낮추자. 영상이든 기획이든 뭐 하나를 아주 특별하게 잘 하려고 하니까 너무 어려운 부분도 있는 거 같구요. 기준치를 낮추는 거죠.

전 : 정확히 어떤 기준치를 말씀하시는 거죠?

김 : '진짜 엄청 잘 해내야겠다.'고 하는 거죠. 언제 누가 그러더라구요. 책에서 본 건데요. 일이랑 자신을 분리하래요. 그게 무슨 말인가 싶었더니. 일이 잘되면 내가 잘해서이고 성과가 안 나면 내가 너무 부족해서라고 생각하잖아요. 한마디로 그럼 현타가 오는 거죠. 회의감이 크게 오는 거죠. 결국. 근데 솔직히 저도 그거 보면서 일을 잘하면 '내가 잘해서 된 거 아닌가?' 이 생각이 들더라고요.

전 : 맞아요. 이성적으로 분리하기가 쉽지가 않죠. 일을 잘하면 신나고 자신도 괜찮은 사람같이 느껴지잖아요. 저도 그렇구요. 일을 못하면 조금 부족한 거 같구요.

김 : 맞아요. 그래도 그런 말을 들으니 조금씩 영향을 받아가고 있는 것 같아요.

전 : 네. 필요해요. 참, 첫 회기 때 그 빚에 대해서 말씀을 하신 적이 있어요.

김 : 네.

전 : 저는 부지런히 갚는 게 좋다고 생각하는 입장이에요. 너무나 상식적인 얘기이긴 하나...

김 : 네. 맞아요.

전 : 왜냐면 지금 일하고 나하고도 분리해야 된다는 얘기를 했는데 나
하고 빚하고도 굉장히 큰 연관성이 있잖아요. 그 빚이 나에게 주는
압박감 이런 것이 굉장히 크고. 몇십억이 돼서 아주 파산의 지경에
이르게 되면은 헤어나기 어려운 경우가 많고. 현실적으로 내가 할
수 있는 선에서 시간은 걸리겠지만... 어쨌든 빚이 있는 어떤 환경
에서 대개 유쾌할 수는 없죠. 늘 압박감으로 어깨에 따라 붙는 놈
이랄까. 어쨌든지 굉장히 다행스러운 거는 지금 경제적 위기를 극
복할 수 있는 능력이 기본적으로 있다는 거예요. 그때도 말씀하신
것처럼 그 분야에서 a만 하는 게 아니라 b, c, d 여러 가지를 할
수 있는 직업이구요. 특성상. 거기에서 남보다 멀티로 많은 여러
가지 가능성들을 갖고 있는 걸로 보여지구요. 그리고 이미지, 영상
관련 기술은 저는 잘 모르지만 굉장히 최근들어 필요로 하는 기술
들이잖아요. 그렇다 보니까 그 부분에서 열정씨가 갖고 계신 굉장
히 좋은 자원이고 기술이라고 생각해요. 그리고 그 빚과 경제적인
부분과 굉장히 밀접한 연관이 있으니까요. 그런 부분인 거를 꼭 기
억을 좀 자주 해주셨으면 해요. 그 기술로 부수입을 창출하거나 여
러 관련된 일을 시도해 볼 수도 있구요. 물론 그렇게 바쁜 일들을
하시면서 또 다른 일을 하기가 쉽지는 않겠지만요. 어쨌든 다른 각
도로 보면 정말 할 수 있는 것들이 무궁무진하니까요. 내가 시도하
고 뭔가 할 수 있는 영역들을 계속 찾아나갈 수 있다는 사실 자체
가 큰 장점인 것 같아요. 제가 느낄 때는 그런 자원들을 더 자주 스
스로 기억하시고 알아차리는 게 필요할 것 같아요. 왜냐하면 제3자
가 객관적으로 봤을 때에 자원들이 많은데 스스로 충분히 알아차리

지 못하는 부분도 없지 않은 것 같아서요. 그래서 그 방법 중에 눈 앞 잘 보이는 곳에 언어들을 붙여놓는 것도 방법이 될 수 있는 거 같아요. 저도 붙여놓고 하는 거 별로 좋아하진 않지만 심리학 실험 에는 그런 것들이 있잖아요. 그러니까 자주 어떤 단어를 접하고 했 을 때 자신의 어떤 인지나 정서나 행동 이런 것들을 무의식적으로 이끈다는 연구 결과들이 있기도 하니까요. 컴퓨터나 자주 보시는 방이라든지 냉장고라든지 그런 데에 붙이는 거죠. 그러니까 뭔가 본인이 기억할 수 있는 기호나 문자나 그림이나 상징들? 되게 긍정 적인 거. 자신에게 뭔가 어떤 활력과 플러스 방향으로 갈 수 있는 것들을 도울 수 있는 것들. 그러니까 네거티브(negative)한 거 말고 포지티브(positive)한 것들, 긍정적인 것들. 단어든 상식이든 그림이 든 이런 것들을 조금 놔주셔도 좋을 것 같아요. 어떻게 보면, 그 언 어들이 도움이 될까 하는데. 너무 바빠서 이런 것들을 깊이 있게 따져볼 시간이 많이 없을 때 가끔 보는 거죠. 몇 가지라도 열정씨 가 기억할 수 있도록 좀 그런 것들을 의식적으로 노력을 해주시는 것도 방법이 될 수 있을 것 같아요. 자, 그럼 이제 마칠 시간이 된 거 같아요. 상담 동안 뭐 어떤 게 느껴지셨어요?

김 : 일단, '마음먹기 달렸구나.', '약을 먹는다고 해결되는 그런 게 아니 구나.', '문제라고 생각하면 문제구나.' 뭐 이런 생각 들어요. 또 한 편, '속 편하게 자라온 애들은 좋겠다.', '사랑받으면서 자라온 애들 은 그런 복잡한 생각 안 들까?' 뭐 이런 생각도 들구요. 금수저들 있잖아요. (웃음) 이거 푸념이에요.

전 : 맞아요. 나도 좀 저런 대우를 받고 살았었으면 편했을 텐데... 이런

생각은 상대적이니 일부를 제외하곤 많은 사람들이 생각하지 않을까 싶어요.

김 : 또 갑자기 드는 생각인데 초반에 '본인의 성향이랑 안 맞는 일을 하시네요.'라고 했던 게 갑자기 생각이 나요. 내향적이라 혼자서 하는 게 성향상 좀 편할텐데... 뭐 그런. 최근에도 회사에서 뭐랄까 좀 외향적인 성향을 요구하는 일들이 있잖아요. 제가 혼자서만 집중하기 어려운 상황에 어김없이 스트레스를 받고 있더라고요. 최근에 이런 상상을 해봤어요. 다시 과거로 돌아가면 어떤 작업을 꿈꿀까? 스위스 명품시계 만드는 장인 있잖아요. 종일 음악 들으면서 아무도 안 만나는 일 하고 싶어요. 하루종일 초몰입해서 몇억짜리 시계 만들어 팔고 열두달 중에 열달은 놀 수 있는 그런 직업이면 좋겠다는 생각도 들어요. (웃음) 불가능하겠지만요.

전 : 그러니까 그때 말씀하신 것처럼 뭔가 외부로 다니시는 게 스트레스인 거 같아요. 현장 예약하고, 배우 섭외에 일정 잡으시고 연락하고 그런 일들에 스트레스를 받으시는 것 같고. 내향적인 성향이다보니 사람을 만나는 것에 굉장히 많은 에너지를 쓴다고 할까요. 그냥 혼자 있는 것이 편하고 혼자 몰입해서 뭔가 만들고 그런 걸 좋아하는데 말입니다. 계속 누군가 만나고 외부 자극이나 반응이 하루 종일 끊이질 않으니... 에너지를 스스로 충전하기가 쉽지가 않죠.

김 : 아무튼 이걸 좀 발전시켜 생각해보면. '지금 좀 스트레스 받을 수밖에 없는 상황이구나, 내 성향상 업무 스트레스를 받을 수밖에 없겠구나.' 뭐 이런 생각이 들면서 스스로에게 좀 위로가 되더라구요.

아예 스트레스와 현실이 해결된 건 아니지만요.

전 : 자신의 환경을 인정하는 거군요. 일의 어떤 스타일상 스트레스 받는 건 사실이고. 지금은 회사를 좀 다니셔야 되니까요. 향후 한 5년, 10년 또 계획을 세워 보셔도 좋을 거 같아요. 어느 정도 자본이 축적되시면 또 회사를 만드실 수도 있고. 굉장히 길은 많으니까요. 짧은 시간에 되게 많은 큰 것들을 발견하신 것 같아요. 처음에 만났을 때는 이게 스트레스고 저게 문제고 어떤 상황에서 어떻게 해야 되는지 잘 모르겠다, 이런 방향으로 많이 말씀하셨던 것 같아요. 하지만 지금은 현실이 변화되지는 않았지만, 어쨌든지 좀 스스로 수용하고 인정하고, 스트레스를 받을 수밖에 없는 환경이구나. 이렇게 알아차리는 쪽으로 인식이 바뀌었다는 사실. 이건 되게 큰 발전인 것 같아요. 말씀하신 것처럼 한 개인이 어떻게 회사를 바꾸겠어요? 그렇다고 지금 들어간 지 얼마 안 됐는데 나오겠어요? 어떤 부분에서 현실적으로 할 수 있는 부분을 찾고 조절해야 되겠다, '난 내향적인 사람으로 혼자있을 때 에너지가 잘 충전되는 사람이구나.' 예를 들면 점심시간에 혼밥하며 에너지를 충전할 수도 있고. 사람들끼리 몰려가서 커피를 마시고 이런 게 스트레스가 될 수도 있겠죠. 마지막으로 열정씨 자신에게 좀 해주고 싶은 말을 해주고 마치고 싶어요. 한두 문장 정도.

김 : 이런 상담하는 걸 소재로 한 예능을 본 적이 있는데 저는 그걸 보면서도 약간 울컥했거든요. 저를 상상하니까요. 음... 지금도 살짝 울컥하려고 하는데 뭐 약간.... '너 되게 잘하고 있어. 충분히 잘하고 있어.' 이런 말해주고 싶어요.

전 : 본인 이름 잘 안 불러봤죠?

김 : 네. 그렇죠.

전 : 본인 이름 한번 불러봐 줄래요?

김 : 음... 울고 갈 것 같은데... 김열정...

전 : '김열정' 말고 '열정아'라고 불러줘볼까요?

김 : 열정아!

전 : 열정아!

김 : 열정아, 충분히 잘하고 있어.

전 : 한 번더 천천히 말해주실래요?

김 : 어색한데... '열정아, 이 정도면 잘하는 것도 많고. 사회적으로 인정
받는 회사도 갔잖아. 가족들 상황도 많이 안 좋았는데 말이야. 이
제 경제적으로도 과거보다 많이 좋아졌잖아. 이제 앞으로 좋아질
일밖에 없을 것 같아. 너무 걱정하지 말자.'

전 : 말씀 잘해주셨어요. 이 정도 말하기가 쉽지가 않아요.

김 : 아, 그래요?

전 : 열정아, 충분히 잘하고 있어. 이 정도면 잘하고 있는 거야. 그리고
뭐 이름 들으면 알 만한 회사 다니고 있고, 가족 상황도 나아지고
있고. 이제 좋은 일만 이제 앞으로 좋은 일만 남았다. 너무 걱정하

지 말고 충분히 잘하고 있다. 이 말을 자주 열정씨에게 들려주면 좋을 것 같아요. 이 말을 지금 나한테 스스로 해보니까 어때요?

김 : 어색하긴 해요. 하지만 저 자신을 계속 외면했다는 느낌도 좀 들어요. 잘해온 부분이 많은데 아쉬운 한 두 개에 그동안 집중해온거 같아요. 아니, 강박적으로 집착해온 것 같기도 해요.

전 : 네. 저도 비슷한 생각이 들었어요. 충분히 잘하고 있다. 정말 훌륭하다. 그리고 꼭 잘해야 되나? 이런 생각도 들고요. 아니, 좀 못하면 어때요? 100점 중에 매번 100점만 맞을 수 없지 않습니까? 가끔 실수하면 어때요? 열정씨 자신에 대한 어떤 채찍질보다는 사랑이나 여유를 가끔씩 주면 좋을 것 같아요. 물론 채찍질해야 성장을 하겠지만 365일 채찍질하면 너무 힘들 것 같아요.

김 : 네. 한 번쯤 하고 싶었던 얘기 들어주셨던 것만으로도 감사했어요. 혼자라면 못했을 생각의 발전들도 건강한 쪽으로 갔던 것 같아요. 지금 당장에 엄청 확 바뀌었다는 느낌보다도 이 작은 것들이 나중에 조그마한 디딤돌이 되지 않을까 싶어요. 앞으로 제게 도움이 되지 않을까 이런 생각이 듭니다.

전 : 네. 지금 하시는 대로 하세요. 지금 하시는 대로 너무 잘하고 계셔서 그냥 지금 하시는 대로 하시면 됩니다. 열정씨가 설정한 방향으로 천천히 하나씩 하시면 됩니다. 가끔 자신도 돌보시고 그러면 좋을 것 같구요. 특히 열정씨가 갖고 있는 좋은 점들 많이 읽어주시면 좋을 것 같아요.

김 : 지금도 잘하고 있으니까... 지금 하던 대로 해라... 힘이 나는 말입

니다. 감사합니다.

전 : 건강하세요. 열정씨. 많은 이야기 나눌 수 있어 반가웠어요. 나중에 종종 소식주세요. 침착하게 자신에 대해 고민하는 모습이 인상적이라 꽤 오래 남을 것 같습니다.

저자 소개

전주람

1979년 서울에서 태어났으며, 성균관대학교에서 가족학(가족관계 및 교육, 가족문화)으로 박사학위를 최종 취득하였다. 서울시립대학교 교육대학원에서 교수학습·상담심리 연구교수로 2017년 7월부터 2019년 6월까지 재직했으며, 현재는 서울시립대학교 교직부 소속으로 〈심리검사를활용한 심리치료〉, 〈심리학의 이해〉를 가르치고 있다. 아울러 서울가정법원에 속한 상담위원으로 2014년부터 최근까지 활동 중이며, 2022년부터는 통일부 통일교육위원으로 활동하고 있다. 지속적인 연구 관심사로는 가족관계, 일상생활, 문화갈등, 남북사회문화 등이 있다. 주요 논문으로는 「20대 이혼을 결심한 신혼기 부부에 관한 가족치료 사례연구」 외 50여 편 이상의 논문을 게재하였으며, 저서로는 『절박한 삶』(공저, 2021년 서울대학교 다양성위원회 선정도서), 『21세기의 부모교육』(공저, 2023년 세종도서 학술부문 선정도서) 등이 있다. 2016년 KBS 〈생로병사의 비밀 : 뇌의 기적〉 600회 특집에 부부상담사로, 2021년 KBS 〈통일열차〉 일요 초대석에 출연하였다. 최근에는 2024년 통일부 국립통일교육원 〈통일책방 함께 읽는 통일 시즌2〉에 '북한이탈여성들의 삶을 기록하다.'라는 제목으로 출연하였고, BBC News코리아 라디오(2024년 6월 7일)에도 출연한 바 있다.

일러스트

전주성(jjs171@naver.com)

1982년 서울에서 태어났다. 그림을 사랑하는 남자, 독자들의 마음에 따뜻한 별을 그리는 사람으로 기억되고 싶다. 작품은『20대에 생각해보지 않으면 후회할 것들』,『생생한 사례로 살펴보는 건강가정론』,『21세기 부모교육』(2023년 세종도서 학술부문 선정도서),『마음치유와 관계회복의 시대 가족상담·부부상담』,『상담사례 33』의 도서에서 그림작가로 활동한 바 있다.

20대 김씨 청년들의 회복과 용기: 청년, 강점, 회복

초판발행	2024년 7월 10일
지은이	전주람
펴낸이	노 현
편 집	조영은
기획/마케팅	조정빈
표지디자인	Ben Story
제 작	고철민 · 김원표
펴낸곳	㈜ 피와이메이트
	서울특별시 금천구 가산디지털2로 53, 210호(가산동, 한라시그마밸리)
	등록 2014. 2. 12. 제2018-000080호
전 화	02)733-6771
f a x	02)736-4818
e-mail	pys@pybook.co.kr
homepage	www.pybook.co.kr
ISBN	979-11-6519-953-1 93180

정 가	16,000원

박영스토리는 박영사와 함께하는 브랜드입니다.